大展好書 好書大展

大展好書 好書大展

銀髮族智慧學 1

銀髮六十樂逍遙

多湖輝／著
陳蒼杰／譯

大展出版社有限公司
DAH-JAAN PUBLISHING CO., LTD.

序　言

我在去年，提前兩年左右退休，離開了工作崗位大學教授的生涯，開始第二個人生。現在的生活是真正的快樂與充實，但這並不代表以前的工作俗不可耐，我仍是有我獨特的生活方式。無官一身輕是任職時代想做也做不到的事情；如今天天都可以對新的工作或遊戲挑戰，過著快樂無比的生活。周圍的人也都訝異得說我連臉色都開朗了許多。

一般在日本聽到「退休」這句話，總覺得會很寂寞。日本人喜歡用各種名詞來稱呼退休後的年代，像是「熟年」、「老年生活」、「銀髮族」，但是一點開朗的感覺都沒有，倒是強烈的暗示退休後的人生如「殘生」的印象。

不過，前面所提的都是人類壽命在五十歲左右的想法。目前人的平均壽命延長，早已改為「人生八十、九十時代」的說法。從工作崗位上退休下來，絕對不是什麼見不得人的事。從六十歲開始，去渡過剩下來可以為所欲為的三十年，這正是名副其實的「Happy Retirement」，也就是幸福第二人生的開始。

但是針對現況而言，大多數的人正被工作壓得頭昏腦脹，無法趁年輕的時候計畫退休生涯，以致於真正退休後不知所措，因為失去了生活緊張感而精神委靡，加速老化，更無法充分享受六十歲才開始的人生樂趣。

我認為決定「銀髮六十樂逍遙」的關鍵之一，是不管什麼趣味活動也好，運動也好，或是思考終身事業的某種研究也好，從年輕時就開始培養很多工作以外的興趣。並且，不但要擴大維持退休後的人際關係網路，更要繼續不斷。

另外還要有旺盛的好奇心，這是關鍵之二。由自己決定主題，開始對某件事物產生興趣，就會接著出現更多引起好奇的事去調查或求知，而抱怨時間的不夠用。

第三個關鍵，是不管任何事都可以，只要有一件自以為可以勝過別人的事物，或是擁有將來自己可作主角的局面，也是讓年輕繼續的一件要事。

作者——我，根據自身的體驗和反省，依照使我在六十歲後的人生，過得更了不起的構想轉換法，介紹如何在日常生活裡，活得更爲充實的方式技巧。人生無退休，現在就讓我們起步，開始邁向更光明的人生吧！

多湖　輝

目錄

第二章　使六十歲起的人生更充實的工作術、人脈術

第三章　新青年的勸告

第四章　向未知挑戰的快樂

第五章 四個自立、四個自覺

第一章

六十歲不是終點而是起點

•六十歲起動身出發——把對過去的告別視為新的際會

決定六十歲以後人生的關鍵

前些日子，我有一位擔任公司董事長的朋友，因為已到了六十五歲的退休年限，而從董事長的職位退休下來。一般退休後的董事長大多改任總裁等職務，並且繼續過著故態依舊的生活。

我這位朋友則不然，他認為今後的人生不該再為公司家人，應該真正為自己而活。結果，他難拒公司的肯求，答應只任顧問一職。

他很高興地告訴我，今後可以過著快樂的生活，因為顧問之職不同於總裁，顧問是有問才顧，有事才會來找人。

雖然退休年限會因公司而異，但一般皆為五十五歲或六十歲。收拾好桌上櫃裡的私人用品，能自己帶走的就帶著，不能的則託快遞送到家裡，帶著自己的行頭踏出公司大門時，說不定還會有部屬向你獻花並說聲「辛苦了」。因為歡送會早已開了許多回，所以當天只需直接回家。

在家裡，妻兒準備了一頓豐富的美食等著，他們也不停地以「辛苦了」等話來慰勞，就這樣，也不知在忙著什麽，渡過了退休的那一天。

問題發生在第二天。

第一，從這天起再也不用去上班了。但此時的感覺不是不用上班的解脫感，而是一種無處可去的喪失感。在日本，因為公司的終身雇用制都發展得很徹底，所以轉業的人少之又少。可能會有人覺得懊惱，因為從學校畢業後，就一直待在一家公司四十年左右，直到退休為止，可以說人生的大部分都在一家公司渡過。如今告別工作，誇大而言，就好像失去身體的一部分一樣。

實際上，常聽人說，退休就是以與公司分手為首的「七別」的來臨。

我認為：決定「六十歲開始的生活方式」，在於「七別」是否得當而定。

積極地掌握「七別」

第二，緊跟著與公司分手而來的是與頭銜分手。退休的人，在以前可能被尊稱為「經理」「課長」而受到部屬的推崇，但離開公司後，就變成與頭銜無關的「普通人」

了。這「普通人」的頭銜在退休後一直常相左右，至於伴隨地位而來的尊敬，再也得不到的了。以前，只要說「我是○○公司的○○」就可以得到不少方便，如今因為失去公司這個靠山，再也無法通行無阻了。

第三，是與錢財分手。退休後當然再也領不到薪水了，更不用提以前或多或少都能運用的應酬交際費。退休後的收入降為過去公司薪水收入的一半，甚至於降至三分之一的人占了一大部分。

第四，是雖然不會馬上來臨，卻也是遲早要家人分手。孩子們總會有獨立的一天，說不定連配偶也會先你而去。更難說的是也許會和長年結偶的妻子離婚，因為妻子在丈夫退休後提出離婚，已是日本近年來的風氣。

既然不再天天到公司上班，得不到資訊消息是在所難免的。以前，只要到辦公室，就可以和部屬或訪客見面聊天，當日報紙的頭條新聞會自成為話題，有些時事局勢的新聞，除了報紙、電視以外，公司也會有些小道消息，這些都是活生生的資訊消息，而和這些資訊分手是第五項離別。

以退休為境界，人際關係難免極端狹窄化。雖然退休後或許仍有部屬在公司裡，或是仍有往來的交易對象，可是，過去和這些人交往都是藉由公司而活動。不少人曾經在退休後回公司和部屬聚餐，但對方總在有意無意間暗示過去已成過去，所以這些人就下定決心，再也不回公司了。

或許在過去曾有些不論頭銜、不論公私，意氣相投的人際關係，但既然當初是因為公司才往來的，如今也可能在退休的同時就此一線中斷，這就是第六別。

最後的第七別，是與健康分手。一般說法是男人的厄年在四十二歲，但隨著最近的長壽傾向，肉體的「厄年」據說已延長十年而改為五十二歲。雖然這厄年不是和退休一起同時襲擊而來，但是身體各部位開始失常總是難免的。隨著年紀增加，那種對健康的不安感也就更強了。

從消極方面來說，退休是七別。但是，想想說不定在退休後還有新生活在等著，那麼，這「七別」就會帶給你新的「七會」，也就是新的際會。

從九十歲的平均壽命來看退休，與其說它是人生的終點，不如說它是第二人生的起點。換句話說，四十歲、五十歲也不是朝向退休而跑的時期，而是養精蓄銳，準備動身邁向第二人生的時期！

●迫不及待退休的構想轉換術

人生五、六十也只不過是黃口孺子

數年前，幾個前輩朋友聚在一起為我慶祝六十歲生日。我穿著紅衣，戴著紅色法國帽，總覺得自己已經擠入老年人的行列裡，心裡不是很高興。那時，一位已經八十多歲卻仍相當活躍的新力牌公司榮譽總裁井深大打來一通賀電。賀電說「五、六十黃口孺子，七、八十發奮工作」，完全把我的年齡當成小孩子看待。從此以後，我就叫六十歲為「鑽石年代」，而七十歲為「黃金年代」，至於八十歲，則是「銀色年代」。

提到「銀色年代」，我有一個朋友，前幾天告訴我他在六十歲時，曾因為想找一件新事物挑戰而開始去滑雪。經過別人的介紹，他參加了一個滑雪旅行團，當時聽說與團的三十人，平均年齡竟然高達七十歲，真是嚇人一跳。

這個訝異還只是剛開始而已呢！對我這朋友來說，那趟旅行可真是處處充滿驚訝，使他受到一大文化衝擊。在搭乘東北新幹線子彈列車抵達滑雪場後，那些人連休息的時

●你有沒有迎接人生100歲代的心理準備

■日本人平均壽命的推移■

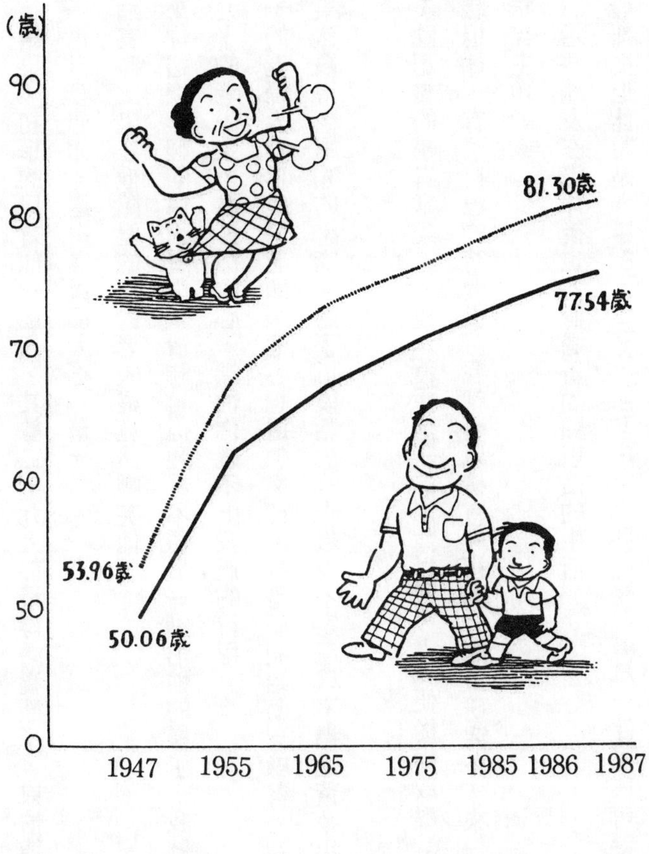

※摘自厚生省（福利部）「自次生命表」「簡易生命表」

間都省了，就精力充沛地直奔練習場滑雪的作風，首先壓到了他。在接受滑雪課程前必須先「試滑」，結果，初學的只有他一個人，其餘二十九人都滑得瀟灑極了，只怕連二十來歲的小伙子也自嘆弗如，連指導員都大吃一驚。

到了晚上酒宴時，坐在他隔壁的一對老夫婦竟然嘲笑他說：「看不出來你這麼年輕。白天看你試滑時，你腰部不穩又一副怕怕的樣子，我們還以爲你是年過九十的老先生，眞替你擔心，深怕你趕不上我們的行程。」

被年過八十的老婦人看扁成糟老頭，他心想這怎麼行，於是便開始勤奮練習。到旅程快結束時，果然贏得老婦人的誇獎。聽了這段話，八十歲說不定還只不過是黃金年代而已。

那些我在美國認識的學者常說：「我在退休後要如此這般做，以便從中取樂」或「等從大學教職退休，有了自己的時間後，我就可以擁有充裕的時間來研究多年來一直蘊釀在心裡的研究主題」。

而事實上，這些朋友在退休後也各個過著如願以償的生活。

美國人一般都把退休說是「Happy Retirement」，他們認為這是一件可喜可賀的事。退休正是可以不受任何人束縛，一天二十四小時愛怎麼用就怎麼用的時候。耽溺於喜愛的高爾夫球運動也好，專心栽培玫瑰花也不錯，當然也可以熱衷於從前無法完成的心願。另外，更可隨性如意的到沒去過的地方旅行。

美國人主要是把退休後的人生，當成可以為所欲為的天地，所以，他們趁著年輕儘量賺錢，一心盼望著早日退休，過個悠閒的生活。

使七十歲成為黃金年代的方法

反觀日本的現象，「退休」這句話好像是被當成極端否定性的定義。從「退休」兩字所聯想的，大多是「引退」或「人生的黃昏」，以及「失去工作」等悲觀的印象。不過受到國情不同、經濟差異等影響，無可否認的，日本當然會對退休產生不同的印象。在快速走向高齡化的現代日本，對高齡者的應對之策尚未確立，所以，假如可以活到九十歲，那麼，無論在社會上或經濟上毫無不安感而能悠哉以老的人確實不多。

現在常稱呼年過六十的人為銀髮族，可能是因為白色的頭髮相當耀眼，聯想上，這種銀髮的語韻多少抹去了一點樸素寂寞的印象。但是把六十歲的人說成銀髮，我卻覺得未免言之過早，因為精力充沛的七十、八十歲的人也如此稱呼自己。

早在二十年前還年輕時，時間多得是，但是能夠自由揮霍的金錢卻不多。到了開始工作後，錢是多了，但自由的時間反而有限。至於從公司退休後，雖比不上工作時有錢，卻同時擁有自由自在運用的時間和金錢。在體力上雖已不比年輕時，不過也沒壞到令人困惱的程度。

所以，是把六十歲的人生視為「銀色年代」，或是人生最輝煌的「黃金年代」，端視各人的想法而定。

•讓六十歲順利起步的心理操控

我哥哥長年在一家大公司當董事，平時除非有緊急需要，對於公司派人開車接送一向敬謝不敏，他寧願擠公車上班。

如果是一般人，既然當了董事也就按慣例由公司派車接送，可是哥哥卻說他怕退休後，再也沒有人開車接送，那就更難過了。

關於這一點，哥哥做得很徹底。他儘量不依賴上班族的特權。例如：他極端避免讓公司花錢的應酬，或是不坐近距離的計程車，而以勤快的走路替代。

一個人在退休後的生活會和以前完全改變。這些改變並不只是改變早上起床去上班的生活模式，而是失去所有上班族的特權成為一個普通人。

每天早上，再也沒有公司派人派車來接送了，以前花公費常去的高級俱樂部也不能去了。如今，沒有人稱呼你一聲經理或常董，以前一直拍馬屁的人也可能對你冷淡，過年過節送禮的人也明顯的減少。這些變化所帶來的衝擊，總比想像中來得大。

越是在退休前擁有高職位的人，越難忍受如此的變化，而無法接受巨變的事實，聽到別人的閒話「一向能幹的人，想不到也會老得這麼快」而順著一路朝向癱瘓老人之路。

所以為了緩和退休後所帶來的衝擊，說不定在退休前就開始過著明知退休後會消逝特權的生活，也是緩和的方法之一。我哥哥在職的時候就設定好了儘量不用上班族特權的生活，以便縮短和退休後的生活差距，所以退休後不但沒有老化，至今反而更有精神，更爲活躍，使別人都大爲訝異！

緩和失去上班族特權造成衝擊的方法有很多種。這是一種心理操控，退休後不要認為是「特權喪失」，應該自動改想「是我拋棄特權」。

曾有一則故事，一位醫生想安慰在越戰中受傷失去一條腿的前線士兵：「一切都很順利，唯一遺憾的是你失去了一條腿。」

沒想到那士兵居然回答：「不！我不是失去一條腿，我是拋棄了一條腳而挽回了一條命。」

這段趣談講的就是心理作用，不說「喪失」而說「拋棄」，以不失望的心情來接受痛苦的事實。所以在面臨退休要失去特權時，何不想想不說「喪失」改說「拋棄」，這樣的構想對以後的人生觀有很大的差異。

● 無官一身輕的自由人生

偶爾也跑一趟想去卻沒去的柏青哥店

以前日本製鐵會長總裁武田豐在任職時，常常一身輕裝、不帶秘書去釣魚。四周的釣友不知道這個人就是有名的日鐵總裁，他們都和他輕鬆的搭訕，也告訴他很多小道消息。武田深深覺得沒有頭銜的日子好自由，而六十歲開始的人生，正是可以享受無官一身輕的自由時期。

有一位熟人一向在朝日新聞社擔任董事，如今卻專門替人打掃庭院。這位朋友打掃

●上班族可以工作到80歲嗎？

■退休年齡別企業比例■

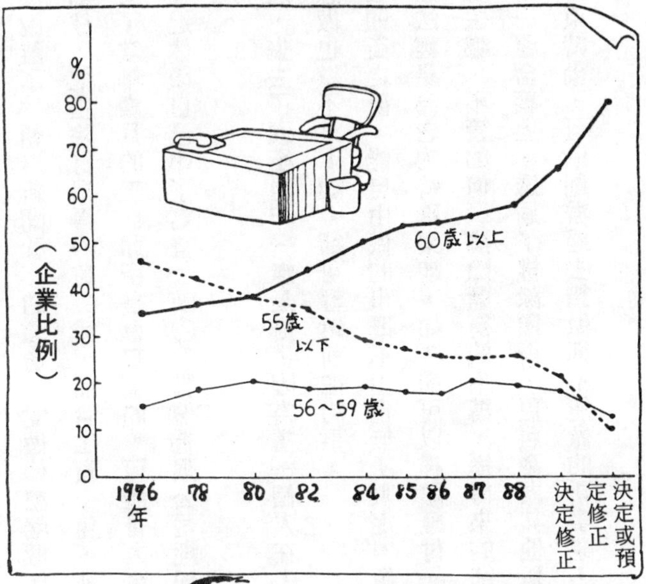

※摘自勞工部長政策調查部「雇用管理調查」

庭院並不是因為他頭腦有問題，也不是為了五斗米折腰，他是本來就很喜歡這項工作，如今既然脫離了「朝日新聞社」的頭銜，愛做什麼就做什麼。聽說只要有人徵召，他就會欣然前往，把庭院打掃得一乾二淨，而且工資全免，純為義工活動。

失去了常年歲月的工作頭銜是會寂寞的，可能有人會有喪失感和無力感。我還聽說過有人在退休後自己印了寫有「前○○股份有限公司經理」的名片，並把名片遞給初次見面的人。

不過，失去了頭銜也非一無是處，因為當一個人在失去社會地位頭銜時，所換來的是以前想做也做不來，如今卻可輕鬆前往的事。

失去頭銜之後，能自由做的事既不少也無所限定。像打掃庭院這件事，在以前礙於體面而無法輕易為之的特殊樂趣，如今卻可以輕鬆應付。賽馬場、賽車場、柏青哥店，想去哪就去哪，不管如何，排除頭銜的束縛，換得來的卻是自由。

在另一層含義上，透過了排除頭銜，更可發展其他新的可能性。例如，在離開公司脫離頭銜束縛後，可以創辦過去想做卻不能做的新事業，以此模式發展新公司，新工作和新頭銜。

如果長久緊抓著頭銜不放，只是更難去發現新的人生轉機而已。以前的頭銜本來就是靠自己實力得來的，如今被拿掉，又何必彷如失去一切一樣。倒不如像過去爭取頭銜一樣，現在，再去爭取另一個新頭銜。

年紀大了之後，一直懷念著過去的人，難免會執著黃金時代以及懷念過去的榮耀。若是一直這樣開倒車，那麼，留給未來的可能性則會被視若無睹。我們可以說，當束縛自己過去地位頭銜的心態消失時，正是開始注目即將新得成就的機會。

但願成為不提頭銜也仍具魅力的○○先生

與我交往二十多年的會計師說來也奇怪，他非常具有人性的魅力，算是一位文人騷客，書畫詩歌樣樣通，和他聊天時，靈感興緻一來，就瀟灑的提筆作畫寫詩，我常想若能像他該有多好。他作會計師的技術雖非一流，但頗具人性魅力，在我們相往的二十多年裡，我知道他不只有一技之長，還有其他許多的技能，讓人深深感覺到他工作之外的魅力。

那麼我們退休後，單純的個人魅力究竟有多少？脫離頭銜和地位降為區區一名○○先生時，到底還有多少的吸引力？

每念及此，退休後的生活，不但非餘生，反而是修練一個人認真評估自己生活方式的總決算時刻，也是份量很重且也很有意義的時期。

我想世界上很難找到像日本人如此這般留戀公司頭銜的民族。名片頭銜不提，完全除去個人姓名而改以「科長」「經理」「股長」相稱呼，這情形就好像以前在軍隊中阿兵哥互稱「上士」「士官長」的感覺完全相同。在日本社會裡，這些公司名稱和頭銜都是最有利的武器。

可是，這種武器到了退休後反而完全脫離，根本毫無意義。地位頭銜無用時，反倒是人性的魅力被特寫化的顯現出來了。不過，在日本能夠脫離地位頭銜，只靠個人魅力建立人際關係的人少之又少，退休後，因為在名片上拿掉公司名稱和頭銜而變成一無所有的人太多了。

關於這一點，歐美則國情不同，他們非常重視個人，在公司裡不稱對方頭銜而以真名互稱，即使要稱呼對方頭銜時，也頂多是「Your Majesty」而已，連總統也是直呼先生而已。

所以說，那些誇耀地位頭銜的名片，在歐美並不如在日本來得受重視。因此，日本人退休後的生活，正是失落了地位頭銜的○○先生的普通人生活。

●到了21世紀老年人的生活會比美國人更富裕

■預測中日本和美國的銀髮族市場規模■

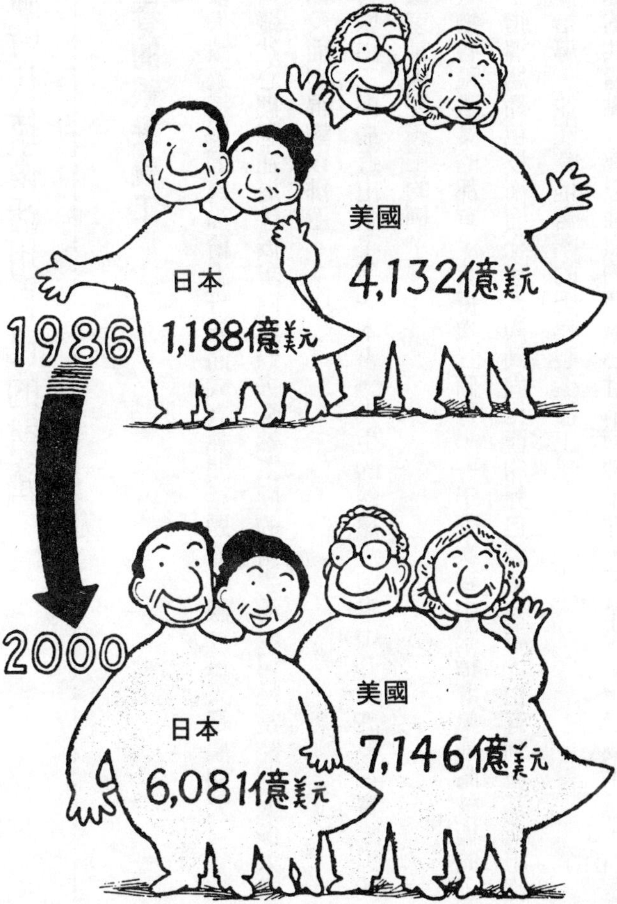

・靠任職時代技術活用自己的財產

找到第二春的銀髮義工

也許很多人讀過這本因為描繪上班族而成為熱門話題的小說『每天是星期天』，它的內容是主角雖然心裡想在退休後步向與過去全然不同的新生活，可是當時間太多太自由時，生活卻反而變得難以排遣。

同一作者城山三郎最近出版了另一本書『人生的餘燼』，書中介紹許多在實際退休後到開發中國家當銀髮義工的例子。

書中的人物各種職業的都有，有每次三個月，一年兩次到中國指導氟樹脂技術的工程師，有為了指導烤麵包技術而全家人搬到尚比亞的麵包製造業者，也有到巴基斯坦肥皂工廠去技術指導，並在當地奮鬥的肥皂製造技工。

他們之間的共通點，都以強烈的意識心甘情願地工作，不是為了金錢或生意，而是為了活用自己的技術奉獻給社會，再大的辛苦亦再所不辭。他們透過銀髮義工找到了新而大的生活意義，能夠把自己過去的技術、知識一併活用。

在技術革新激烈的日本，花費多時好不容易確實培養出來的技術，像一縷煙一樣一晃而過，變成老技術而「打入冷宮」也是常見的現象。但若缺乏跟得上巨變技術的自信，難免猶豫不決，如能活用銀髮義工制度，就可活用自己的技術。

許多在日本早已老舊化的技術，到了亞、非洲第三世界各國，還是很有效的。例如，在日本並不起眼的汽車維護技術，到了第三世界國家保證大受歡迎。另外像木工、土工等蓋屋技術，在國外仍大爲管用。不像尖端科技的電腦只能廣用在日本。

在日本被看成老舊土法煉鋼的手工技術，到了第三世界國家反而大爲受用。『人生的餘燼』中所介紹的人物雖然吃盡苦頭，但看起來是如此生龍活虎，那一定是因為他們落實的成就感，找到了人生第二春所致。

目前所擁有的財產

當然啦！我並不是說要像銀髮義工一樣，一定要到國外才找得到人生第二春，我們要學習的，主要是能主動找到自己能夠活躍一時的局面，加以活用的積極性。例如，手上的一張駕照應有其活用方法。有人感覺外出時應以車代步，對無照的人而言，駕照是有照者的寶貝。

在日本，你也可以活用自己的技術和經驗。需要別人幫助的人太多了，所以，千萬不要心想退休後自己扮演的角色就結束了，只要有尋找新人生起步的積極性，必然能夠開展心想擁有的有意義的人生。

當然也有人認爲自己並非專業技術者，所以沒有任何可以奉獻的。其實只要認真投入於現在的工作，必定能找出某種有用的專長。

如果是商業外務、專業know how外務，身為一位業務員，必須學會如何與陌生人立刻意氣相投，所以待客應酬最為拿手。

例如，酒宴餘興節目中，只要有此人參加則必定成功。這也算是一種專長。天下無難事，只怕有心人，所以不怕找不到活用自己的路。

其實只要找一項就好，一項使自己有自信的專長就是財產，磨練這項專長，以後端看多少構想，便受用叵多。

‧比「戶籍年齡」更重視「機能年齡」

你的「機能年齡」有幾歲

最近，我正式開始學打高爾夫球，理由是因為本來就喜歡，早就想在退休後能盡情的享受。另一個理由是潛意識中害怕從足部開始老化。

因為是年過六十歲打高爾夫球，所以不敢奢望快速進步。可是考慮到今後自己的人生勢必以健康為第一，為此，用腳的高爾夫球是最合適的。當然，可以鍛鍊腳的還有滑雪、打網球等很多運動，但只怕對六十歲的人來說負擔過重，如果換了高爾夫球便可以輕鬆的去打。

現在有「戶籍年齡」和「機能年齡」兩種說法，這是京都府立醫科大學的山田博榮譽教授，根據每個人有兩種年齡所提倡的。戶籍年齡是名符其實的戶口名簿上的年齡，機能年齡是指身體機能的年齡。按此說法，一個人一大把年紀看來還是很年輕，這是戶籍年齡雖大，但機能年齡年輕的意思。

這戶籍年齡和機能年齡在年輕時並無多大差異，但隨著戶籍年齡增加，其差距也增加。附帶說明，戶籍年齡四十五歲的人，在機能年齡上竟可有從三十九歲到五十一歲的十二歲差距；五十五歲的人，可有從四十八歲到六十二歲；六十五歲的人，可有從五十七歲到七十三歲；而戶籍年齡七十五歲的人，竟會有六十六歲到八十四歲，十八歲之多的差距。

這意思就是說七十五歲的人中，有人擁有六十六歲的年輕身體，也有人已衰老至八十四歲了。就算實際年紀大也沒有關係，視個人的心緒，可以保持比實際年齡年輕許多的身體。

體力和氣力之間有著密切的關係，所以想要保持某種程度的氣力，體力的鍛鍊仍是有必要的。沒有什麼事比趁早準備更理想的，趁身體活動自如時鍛鍊，與不加鍛鍊身體的人，到年老後會有很大的體力差距。

經濟學家大前研一向來從事於潛水運動，聽說他每次到國外出差時，都會到當地的海底潛水。受到他的刺激，據說評論家竹村健一和新力總裁盛田昭夫，也在最近開始了潛水運動。

若是以前，看到年過四十的人和年輕人混在一起潛水，就覺得會被嘲笑自不量力的

60歲起逐漸增長的毅力及智慧

■身體能力的發達和年齡■

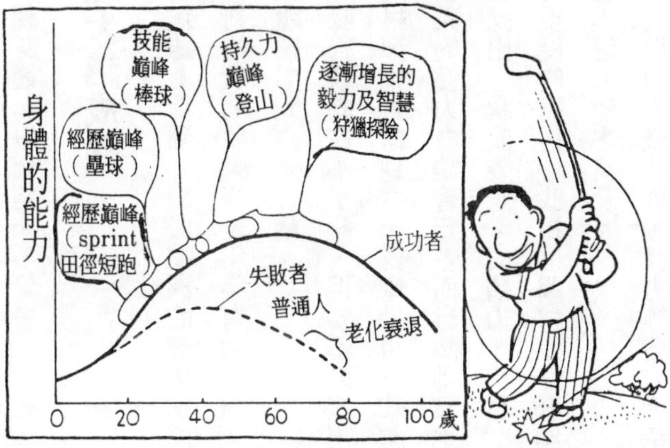

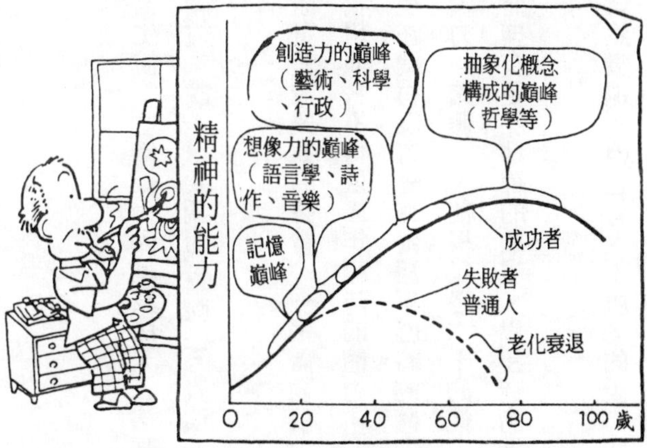

※摘自Still. J. W.「Wan's Potential」1969

老年。這三個人之所以無顧忌的從事潛水運動，固然是為了箇中樂趣，此外，更是為了想趁早鍛鍊身體，以備將來不管多大年紀，也能像現在一樣地活躍。

年紀越大越成長

我在雜誌上看到，旅居歐洲的聲樂家岡村喬生說：「年紀一大就沒法天天演唱歌劇，可是聲音的瞬間效果卻是年年有增無減。」岡村又說，只要調節每隔三天表演一次，自信可以繼續唱到六十五歲。

雖然我對歌劇並不了解，但要不斷發出響徹寬闊音樂廳的聲音，一定需要很大的體力。但岡村卻說自信到六十五歲仍可唱歌劇，我想他是不再依靠年輕時的體力。

一個人的體力會隨著年老而自然地衰退。現在岡村沒有一直留戀年輕時的體力，反而刻意磨練出「瞬間效果」的體力，代替「維續力」的體力，使得年過六十的他，現在仍能保持現役的自信。我相信岡村會隨著年老而擁有更加精練的歌喉，以及造詣深厚的演技，使年輕人望之莫及。

一個人從四十歲之後，體力等各方面都會自然衰退。但也有人不服老的說：「我依然不輸年輕人」，也有人恰巧相反，一直受困於年老力衰而說：「哇！不行了！」「我老了」，為毫無意義的精神糾葛而煩惱不已。

說得明白點，為這種再怎麼煩惱也找不到解決對策的心理矛盾而消耗精力，真是沒有道理的。我認為應該坦率承認年老力衰，把精力轉向有前瞻性的方向發揮才更划得來。

在心目中要建立不斷成長的自我形象

人一老、記憶力就會衰退，把這事誤以為是智能衰退的人格外的多。根據心理學家Auen所作的實驗結果，發現比起二十歲的智能和五十歲的智能，有不少五十歲的智能更高的例子。

智能不是單靠記憶力而定，而是改靠推理力、創造力、判斷力等的總合力而定。不管到了幾歲，這種總合力仍可透過鍛鍊成長。

在政治圈裡有很多七十來歲的老人，精力充沛地活躍在第一線上。假如政治圈一切要靠記憶力和體力而已，那麼這些政治家簡直被扁為無用的長物、被人揶揄為「老廢物」。

但在現實世界裡，政治是靠這些高齡政治家的經驗、判斷來操縱。這不只需要記憶力、體力，還需要經驗和判斷力的總合。

由此可見，有的東西會隨年齡增加而衰退，但也有的會隨之增長。所以，心目中必須經常懷著年紀越大就越成長的自我形象。眼光朝向四、五十歲後仍能繼續成長能力，則自信油然而生，也會產生積極做事的意願。但願各位過著不斷磨練判斷力、創造力的生活，不要天天迷迷糊糊地苟且偷生。

•搭「慢行列車」走老化之道

健康是上班族首要的不安因素

我的趣味活動之一是玩魔術。這需要手指的靈活技巧，所以成為防止老化痴呆的對策之一，因為手指的運動能力和精神的能力有密切的關係。

如眾所週知的，小孩隨著成長，漸漸會寫字等和手指有關的運動。我認為像小提琴、鋼琴的演奏家或藝術家，在年紀相當大之後，很多人仍能活躍於第一線，都是與此有關係的。

有一家保險公司以住在首都圈三十～五十歲的上班族為對象，作了一項「上班族年老後的具體不安」的問卷調查。調查的結果，最多的是「健康」。回答是「健康」的人竟占有百分之七八的高比率。第二位的是「生活不穩定」，占有百分之五三・九。

雖說「健康」的不安，但怕得癌症、心臟病受苦而感到不安的人並不多。反倒是害怕變成「癱瘓老人」或「痴呆老人」的生不如死、死又死不了的狀況，以植物人方式活下去的不安更大。

電動玩具也是防止頭腦老化的工具

現代醫學雖然對人類壽命的延長有所貢獻，同時卻也造出雖生猶死的植物人。古時的人總是得腦中風、結核病或各種病症，在壽命之限前就死掉了。可是，到了現代，想得病而死反倒是一大難事。

以前被認為是絕症，現代醫學出現後尚可撿回一命，結果，反而有變成「癱瘓老人」或「痴呆老人」的可能性。身體陷如此僵局仍要活下去，姑且不論這對病人本身是否真正幸福，但的確，在現代醫學下，已不如過去說病死就可以死得乾乾淨淨了。

一個人只要長命就逃不過老化。誰都願意又健康又長壽，可是實際上我們是逃不過長生衰老的現實。

不過，一個人卻可以努力保持年輕的機能年齡。到達那裡的時間時長時短，換言之，衰老的終站雖一樣，但靠本人努力程度，可產生彈丸列車一路邁向痴呆，或改坐慢車走蝸牛化的路程不同。

如果現在過的是沒有必要太仔細晃動手指間的生活，何不找一個必須使用手指間的趣味活動，當作是避免「頭腦老化」的時段。

也不一定要玩魔術，彈鋼琴或拉小提琴。在我的熟人中，最近有人開始熱中電玩。他說電玩需要用腦和銳利的反射神經，所以，它不只是小孩的遊戲，亦是防止中老年老化的遊戲。

•維持年輕的語言魔術

「已經老了」帶給自己能力的負面效果

在我們四周有太多表示否定的話語，諸如「已經老了，所以做不來了」。像「反正明知結果如何，所以……」「還是失敗了」「反正不行就不行」等等的說法。尤其是提不起勁來，工作不順的時候更是經常使用。而且年紀一大，這個傾向就越來越強。

可是，講了這樣的話，只是為自己的缺點找出正當化的藉口而已，永遠無法產生前瞻性的心情。這些藉口的話，都可以歸類於「努力放棄語」和「思考停止語」。

經常滿臉笑容，以動人歌聲取悅聽衆的歌手藤山一郎，一點也看不出是個快八十歲的人。他總是讓人覺得他是那麼的年輕。

以前，不知在哪兒聽過藤山在日常會話中的口號是「儘量不使用否定性的語言」。而他所謂否定性的語言，據說包括了「討厭」「稍微等一下」「明天再說吧」等等。

語言是很可怕的，因為我們被平常不經心使用的語言上的暗示，影響所及，時而產生正面、時而產生負面的作用。

所以，如果要維持年輕的話，從現在開始，要向藤山學習，儘量不使用否定性的語言。把「做不來」三個字改成「我來試試看，但不一定做得來」，心情上就會完全有所不同。

只看成功的百分之二十，不看失敗的百分之八十

曾經領過諾貝爾物理學獎的科學家江崎玲於奈，在一次對談中曾介紹了如下的美國

人思考模式，她說，美國人達到百分之八十就說成「最好了」，六十是「很好」，即使只有四十，也會說「好」，若只有百分之二十，就說「還算過得去」。

既然如此，據說當美國人說「不行」或「很差勁」的時候，即代表已是最惡劣的狀態。也就是說，美國人不管情況多惡劣，仍朝好的方向看，把自己高估一點。

反過來，提到日本人，總是傾向在情況看似不錯時，仍往壞處看而有否定性的想法。日本人形容百分之八十順利進行是「還算過得去」、六十是「很差勁」，所以日本人若敢說「一切順利」，那就是限於幾乎已達百分之百的完美程度而言。

能積極的行動並高估自己，才會產生有了「做得來」「可行」的意志才能帶動行為。即使以為有百分之八十失敗的可能性，還是要朝成功的二十去看。「還算過得去」的美式認定模式，才更有前瞻性、積極性的帶動作用。

羅馬詩人Lucrētius勸人說：「眼見有女為了黑皮膚而煩惱，你就讚美她說那是蔻荳一般的褐色美肌」。

意思是說，只要照著鏡子，嘴裡喃喃「蔻荳般的漂亮美肌」，這樣繼續說著，就會覺得不以皮膚黑為介，反認為曬黑的肌色是吸引人的特色。相反地，脫口說出否定性形象的話，只是有百害而無一益的。

●對健康有自信的六十歲出發

■上班族的老後意識■

▶上班族老後的不安

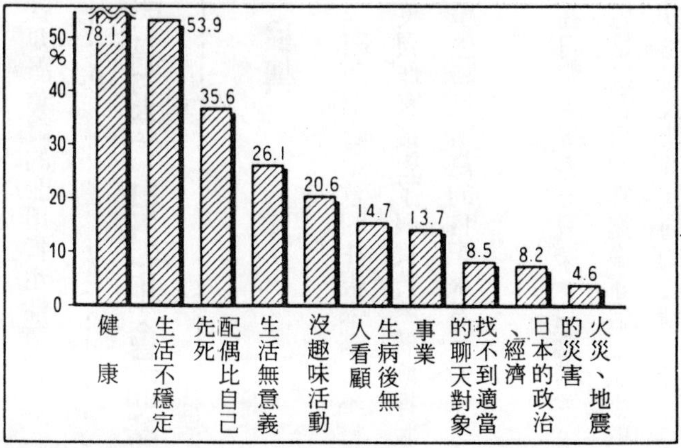

▶上班族老後生活開始的時機

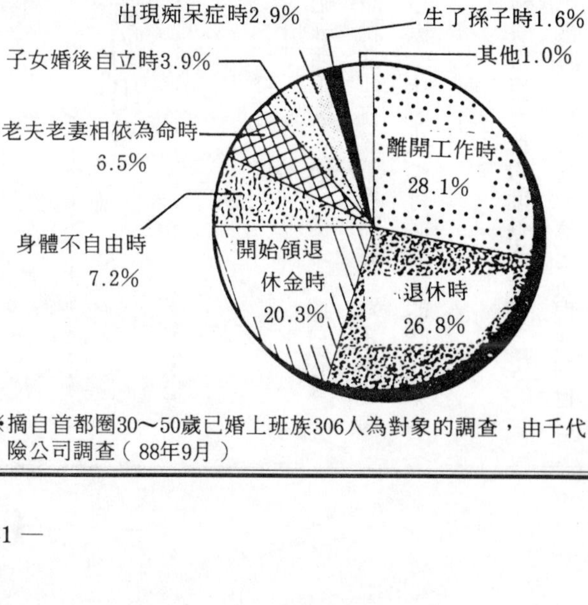

※摘自首都圈30～50歲已婚上班族306人為對象的調查，由千代田產物保險公司調查（88年9月）

為了維持常青樹，這樣的想法很管用。我向各位讀者建議，若你不想使用前述的否定性語言，就要潛意識的改用肯定性語言。

●藉著與過去的自己相會而產生新的出發

寫日記、自傳

因為我一向想全心全意的注視未來，不肯為了過去活下去，所以從未寫過日記。有一個英國作家實施了很獨特的低潮掙脫法。他說當他在搖筆桿時碰到寫不下的時候，就拿出學生時代所寫的日記來看。看了之後，心想「哇！我也有過這樣的時代！」而獲得安慰。

當然，在日記中，喜怒哀樂、百態叢生。但總會覺得自己比以前進步太多了。這個意思是說在日記裡寫滿了自己過去的行為和想法，有時候，拿它與現在的自己作比較，可以把陷入低潮懊悔的心情一掃而空。

如今，在中老年中流行寫自傳，也有人自費出版自傳。聽說有人更進一步地把自己的一生畫成漫畫。

「自傳」，名符其實的，是自己的歷史。小時候的自己到底是什麼樣的小孩，在學生時代作過什麼事，出了社會又作了什麼樣的工作……。回憶看看，有時也會想起平日忘了的事。像這樣的事我都作得來，而使自己再度重新高估自己的回憶，總有三、四件吧！

說是自傳也許誇張了點，但那是所謂「回憶的總彙」。不必依年代別有頭有緒的寫下來，大可隨機而動，想怎麼寫就怎麼寫。更何況又不是給別人看，所以在文筆方面不必太介意，人人都可以想什麼就寫什麼。

常聽人說，要往前看莫往後看。的確，一直緬懷過去感嘆人事也不好。因為緬懷過去受過去束縛，既不積極也無建設性。但過去的用法端看你如何使用它而定，把過去的自己引發現在自己的動機，也可以使自己奮發振作。

寫自傳也好，或重看過去看過的書也好，在閱讀下，會浮現出當時對那本書的感想。更可能觸及以前未得的感動，如此，可以重新認識和以前不同的部分。

相機記憶倍增法

在退休前，如何把學生的名字和面孔記得一致，實在令我大費周章。以前，只要上了二、三次課，就能很快地記住學生的名字和面孔。但接近退休年齡，就很難有那樣好的記性了。後來，我採用照相機的記憶術。首先，拍下每一位學生，在相片後面寫上學生姓名，然後再週而復始的看著，以幫助記憶。

這樣的構想，效果奇佳，我很快就記下學生的名字和面孔。我認為與其自以為記憶力衰退是見不得人的事而隱瞞學生，不如坦率告之。並且要求與他們拍照，在上課時會更有效果。

最近，年輕上班族流行使用電子筆記。這種工具對中老年人來說是一生力軍，可以彌補衰退的記憶力。只要輸入別人的住址、電話和生日等，就不必再辛苦的回憶容易被忘的事情。尤其是把行程事先輸入，快到預定的時間時，筆記就會自動嗶嗶作響，替你勾起不小心忘了的行程。

不肯承認年過四十就開始的記憶力衰退，而想維持和年輕時一樣是白費心思的。不管如何抵抗，哪能比得上十幾二十歲記憶力旺盛的時候。搞不好落到「記憶力這樣差，已經不行了」、「難道我已開始痴呆」的想法而陷入低潮。所以，設法不再依靠自己的頭腦，改變方法更划得來。

第二章　使六十歲起的人生更充實的工作術、人脈術

•退休後的一週行程表就是六十歲以後的人生設計圖

最近有很多公司為即將退休的員工舉辦講習，我常有被邀請的機會。講習時，我會先向參會者建議：

「試試看，假設你們明天退休，現在就擬好退休後一週內要做的事。」

做做看就知道，這一週的議程表是出乎意料地傷腦筋。

如果說要立刻設定十年、二十年的退休生涯計畫，這是一件很困難的事。既然如此，那麼就事先擬定退休後的幾天試試看，結果，卻是意外地不容易。

例如，第一天要整理房間、第二天把高爾夫球打個夠、第三天整理庭院、第四天讀書、到了第五天就塡不滿，找不到想作的事，連想都想不到了。

這一週的行程表正是退休後生活的設計圖。

不必設計十年、二十年的計畫，只要設計一週的預定表，就可以看得出自己在退休後想作什麼、可以熱中於何事？如果連一週的行程表都無法立刻塡滿，可說對退休後生活的期待和準備不夠充實。相反地，如果這一週的行程表可以很快塡滿，就可期待迎接多采多姿的退休人生。

所以，在掌握退休後自我的意識含意上，不要一下子就設定十年、二十年，先設計一週的計畫看看如何。說不定這個計畫會使自己退休後想作事的優先順位改變，也許還可以無限期的超過一週，來一次大旅行的長期計畫。

而且，除了那些具體的實質效用以外，還會使你對自己決定新人生著力點的意識，更上一層樓。

我們一般的上班族在任職時代他律（被動）的部份未免太多了。所以，退休後要自立的說法甚囂塵上；而所謂的「自立」，不外乎是指自律或自我要求。

因為很多日本人從小過著缺乏個性或埋沒在組織裡的生活方式。為此，一旦自己一人自立而活，就不知該如何活下去。

退休後，卸下律己的外來基準，為了避免成為斷了線的風箏，就需要自備引線。為了進一步熟知那種必要性，如前述的編製假定退休後一週的預定表，是一項很好的模擬活動。

•年輕時代的快樂經驗是使六十歲以後人生更豐富的精華

大智若愚

我從小就有許多各種的快樂經驗。在一九五一年二十歲那年考上駕照的。唸東京工業大學的時候，參加了汽車的社團活動。我和夥伴們向校長要來了他以前開的車，車種是Nash。那部車車身已經燒毀，只留下底盤而已。

首先，要從引擎的復修著手，車身也是靠大家的木工作業來一次大整修。眼見車子可以在路上開動，接著就想去考駕照了。

所以，我們大費心思地弄來了當時殊屬寶貴的汽油，開著復舊的車練習駕駛。由我帶領，大家也都考取了駕照。

如此一來，社團的夥伴們更想要一部車，即使是一部老爺車也無所謂。最後，終於以三萬元買了一部中古車，開始只預定一天，卻花了四天的開車兜風。一天變四天的意

●60歲開始有多少想做的事

■中老年男性所關心的事■

※NHK廣播文化調查研究所「學習關心調查報告書」('87年3月)

思是我們到了目的地只住一晚，但回家時卻花了四天的時間。

總而言之，來往路程都是一連的修車。在旅行中碰到車子拋錨時，大家就把車子全拆開，再重新裝上去。

反正想要一部車，二萬元或三萬元都可以。買一部老爺車來開開看是相當快樂的。除了駕駛以外，只要有意願，想拼命去做的事可多得很呢！

可能因為我有過這樣的經驗，所以到現在，開車對我來說一點都不以為苦。不但如此，只要心想下次要換開什麼新車，心裡就躍躍欲試。本來我唸的是文組，但為了逃避徵兵，我就在舊制高等學校（大學預修班）改念理組，到了東京工大才有了開汽車的機會。

我曾寫過一本『頭腦體操』，這本書相當於理學系的系統、數學面的思考，這可能是過去大學經驗所致。

本田公司的本田宗一郎，年過八十還繼續開小型飛行機，也熱中於國際賽車，從未停止活動。以其年齡而言，是應該退休了，但他的看法是大智若愚「很想作各種傻裡傻氣的事」。

本田所說的傻裡傻氣，可能就是他想做的事或年輕時曾經經歷過的快樂事。我想，這都是因為他從小就找到了從中取樂的對象，在八十歲後仍能維持樂趣，這就是他精力充沛的泉源。

主要是說，不要把年輕時的快樂經驗，簡單一句話地說成是年輕不懂事而草草結束。這樣的樂趣，應該被認為是自己一輩子樂趣的源本。當然，現在也許無法像年輕時那般的享受，但雖然形式改變了，樂趣依舊可以一脈相傳。

從現在的工作中也能找出六十歲起的生活意義

ＮＨＫ教育電台節目曾介紹過「夫妻養老時代」，內容是退休離職後獨特的生活方式。

其中有一則故事：有一位在某出版社的能幹主編，因為工作的關係，常碰到古書裝訂的問題。他為此開始感到有興趣，從此他的關心就擴大到裱糊師和裱背師的工作，心想找個機會自己正式實地的做做看。可是身為第一線的主編哪會有空閒，眼前忙錄的工作，總不能逃避現實。

在那樣的日子裡忽然使他想到，如果退休後再從事於自己的興趣活動不是更適合嗎！從此，他每天的生活顯得比以前更生氣蓬勃，在出版古典書籍的工作中，裱背的機會實在太多了，而他也懷抱著旺盛的意念，持續了好幾年的主編工作。

在退休來臨的當天，他的眼光已從現在的工作朝向新的目標。雖然離開作慣了的工作會覺得寂寞，但迫不及待期望新工作的感受卻更強烈。

像他的情況，就是從退休前的工作中找到第二人生目標的幸運例子。每個人或多或少都可能有這種機會，只要認真於現在的工作，這個也做、那個也做，總會找到退休後的主題目標。

應該不是為了退休後找工作，而是為了以前不能作而退休後才能作的期待感，迫不及待想作的事。退休後，鎖定為自己能力的餘地之一，才不致產生退休無力症。

我曾看過「迎接退休心境」問卷調查。其中「告一段落的安心感」以百分之四十・八占第一位。

緊接著，「幹得很好了的解脫感」以百分之三十六占第二。相對的，「離開了相處慣了的工作的寂寞感」則以百分之三十一占第三位，「有種想繼續工作的遺憾」以百分之二十二・五占第五，「不知以後該怎麼辦的不安感」以十六・二占第七位。由此可見，受調者對退休的不安感，沒有對退休的解脫、安全感強。

除了解脫感之外，若又有下次可著手的對象，則如虎添翼。若如前所述的主編，事先設定退休後的目標，則退休後的安全感和解脫感則更大。所以，在現職的生活中，只要遇到能決定退休後生活方式的好機會，切莫輕易放過。

•迫不及待的年過六十的友誼關係網路

什麼人能一天認識十人

前年，我在一同坐船到中國上海、香港、四川學術研討會的計畫旅行中，認識了許多人。這夥人在回來後，一會兒高爾夫球大會，一會兒派對的，總是舉家繼續交往。

也許你認為年紀大到某程度要交新朋友很難，實際上則不然。團體旅行也好、酒宴派對也好，凡是能積極地加入與陌生人的對談，就能產生認識的機會。

不一定要參加前面所提的那些活動，從熟人的交往中加上新成員就可以交上新朋友了。例如，叫什麼人參加高爾夫球或三缺一，也可以叫新夥伴加入。所以，儘量製造建立新人際關係的機會，拓展不限公司的人際關係網路為要。

聽說，三澤住宅公司董事長三澤千代治總是有一份填得滿滿的預定表，平均一天要接見十位各種各樣的人。

也許你會說，大企業董事長一天接見十人，是很平常無需大驚小怪的事，但是你知道那些人不是工作上的顧客、不是熟人、也不是朋友，而是在新聞報紙雜誌上看到三澤的消息報導，關心他而自動報名前來，這才是驚人之處。三澤就是如此將與自己工作無關、別的領域的人見面視為義務。

離開工作的交往、拓展人生的幅度

像三澤這樣積極地與不同領域的人見面，會使他精神振作而保持年輕的頭腦。不但如此，除了可以成為不受限於公司而完全不同的人際網路之外，亦成爲退休後生活中更豐富貴重的財產。

一個人若是只有公司工作的人際網路，那麼，退休後一下子幾乎失去所有人際關係的可能性很大。到目前為止，我已看過太多例子。

例如，一向以能幹出名的董事、總監，一退休後就沒人理他，埋怨此世間太冷漠，最後成為痴呆老人的個案太多了。

在工作上真正能幹、或是工作內容廣泛的人，絕不會只埋沒在工作上有關的人際關

●與鄰居的交往帶來第二春的第一步

■參與老人社會活動的動機■

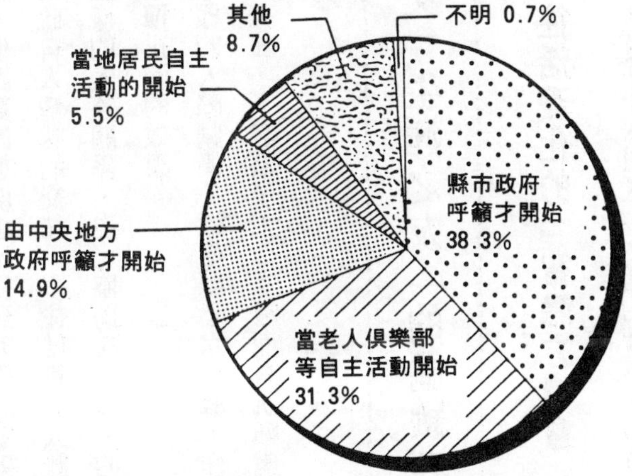

※經濟企畫廳「有關老年人能力活用的實態調查（83年10月）

係。有時參與和工作無關的同學會聚餐；盡情瘋狂一下或是在趣味活動中露一手，就算笨手笨腳，但認真的態度也可得到人們的喝采。

像如此有人情味的交往，以往就算個人離開工作、失去地位，仍能繼續維持下去。而且，這樣的人際關係，也可協助在工作上的應對進退的磨練和了解人性厚薄，在各方面都能發揮正面的效果。

像這樣的人際關係，縱使到了六十歲工作離開之後，仍能成為快樂的人脈。人與人之間互相交往，不必為了工作立場而有所顧慮，這就是退休後令人迫不及待的人際關係。

•結交「生涯之友」的關鍵在舉家交往

年年交往活潑化的「智慧方塊會」秘訣

以前，我常上NHK『生活的智慧』節目。透過節目的製作，讓我認識了NHK的衆多成員。

●60歲開始樂趣多多

■如何渡過老年期的休閒時間■

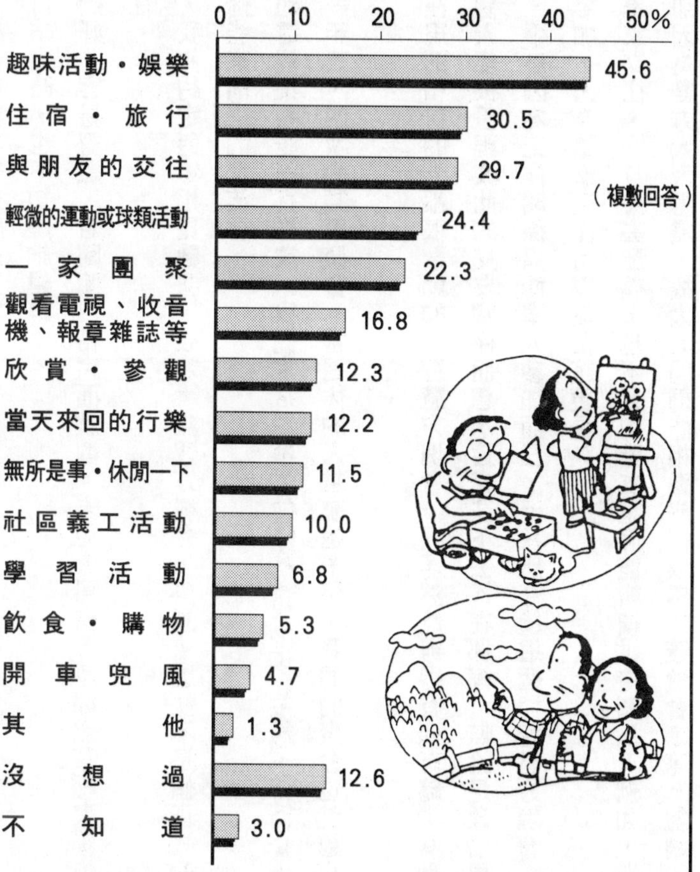

※內閣總理秘書處有關「休閒和旅行」的議論調查（1986年）

若說是成為計畫小組未免過於誇張，但因為很多人的聚集而形成生活的智慧。

在節目結束時，也不知是誰建議：

「我們好不容易認識，若隨節目結束而解散，未免太可惜。不如以某種聚集方式今後繼續交往。」

後來，我們約定每年相見數次，成為「益智方塊會」集團。這並不是個正式的集團，只是一個能來則來的交流會。

想不到這個集團能一直維續，我們常常「來次高球賽」或「年底來個卡拉ＯＫ大賽」，這樣以一年三、四次的頻率聚會。當退休的人越來越多時，我們的聚會也就越來越熱鬧了。

無論在規則和目的上都很鬆動的「智慧方塊會」，居然能辦得有頭有緒，其理由之一，是每個人都很重視彼此的交友關係而想永遠交往下去。在那裡，無論是政治界或傳播界的人，平日因為工作關係只能本人參加而已，但我想今後這個「智慧方塊會」要規定須攜眷參加，因為舉家交往可以使友誼更長久。

只要舉家交往，一旦失去配偶，也不會中斷友誼而能繼續維持關係。例如，雖然失去丈夫，卻因為雙方太太認識，故太太間仍能相邀旅行或舉辦義賣會等等，繼續太太們之間的交往。反之，丈夫失去妻子時也是一樣。

目前和我舉家交往的大學朋友，就是名符其實的家人打成一片的交往。即使對方的兒子生了小孩，我們也會互通喜訊，至於失去太太的同學，舉家聚會的機會也會增加。眼見參加這些聚會的退休族在會中都生氣蓬勃，剛開始雖然沒想到，但我也體會到退休後交往的重要性。

扯上公司、扯上工作的交往，到了退休的同時也隨即終了。但是雙方舉家交往，並非靠利益結合的關係才會繼續長久。

像這樣舉家交往的朋友熟人，另有一個優點是等到了要「打高爾夫球」或「喝兩杯去」的時候，不只太太公認，有時，連太太也隨同前往，所以沒有顧忌，可以輕鬆交往，而且出乎想像之外，更能支撐退休後的人生。

向母親學來的交往方式

與人相交，範圍越寬、程度越深，就越快樂。但是有一點我認為非常困難，那就是和自己喜歡的人相處在一起。

我的母親與人交往比別人特別用心，對事業失敗、或生病、或失意落魄的人，都能親切地對待。相反地，對於那些春風得意、為了進一步討便宜、有求而來的人，母親似乎就冷漠了些。

也許，這也是做人應當如此，但是一旦想做，反而難做得來。俗語說，錦上添花，眼見對方步步高昇，誰都想沾點邊。相反地，深怕跟一個中途潦倒的人交往，自己也跟著落魄，不理他亦是人間常有的事。

我們一步、兩步地停止踏上世間人的潮流，對偶爾遭遇不幸的人，助其一臂之力是很重要的事。而且在自己潦倒時得到幫助的感受，在一生中將難以忘懷。

過去，一直有不少人來拜訪母親，母親過世後，也仍有很多人來上香，可見他們「在我苦境中助我一臂之力」的恩思在心裡留下濃厚的印象。

在我擔任千葉大學附屬小學校長時，有一群讓我在過年時很想送禮的人。那群人既非大學高成人物，亦非學校幹部，他們只是一群勤務員而已。起先，我覺得應該送禮給學校幹部或工作夥伴的主任們。但是這些人地位是如此崇高，在各方皆有受惠。只有那群勤務員，他們在教育現場上也許看不出明顯功能，但是假如沒有勤務員的存在，學校的日常教學活動就一點也不順利，只可惜仍很少人注意這群勤務員。

於是，我決定送禮給勤務員。他們喜出望外，使雙方交情比送禮十年的人更親密。

我覺得我們應該在各種場合建立這樣的人際關係，可以使我們獲得意料之外的支持力量，不論何處都不會覺得寂寞。

●使六十歲以後的人生更充實的「興趣儲金」、「工作儲金」

因為一點點動機，使我在千葉大學擔任教授的時候考取了狩獵執照。當時我還只有四十來歲，正是工作最起勁的時代，所以很忙，根本無暇從事狩獵。不過我想遲早都會閒下來，估且先考取執照再說。

有了狩獵執照後就更貪得無厭，又想要空閒以後玩玩遊艇，就去考取了遊艇執照。

你有沒有過這樣的情況呢？因工作之故，有些你想做的事，卻因時間、經濟而無法達成時，你是否就因此放棄或忘記？遇到這種情形，只要稍微想起自己退休的狀況，就可以知道放棄是很可惜的。

我想：退休後的生活，其中最有意義的一種是「以前很想做卻做不來的事，到如今要有多少就有多少的時期」。

所以，在任職時代若有現在因時間不夠做不來，但心想將來一定要做的事出現，不妨一天一點的「儲蓄」，千萬不要心存辦不到而放棄或忘記。

越是熱衷於現在的工作，當然就出現越多的意願，這也想做那也想做。每次只要意會到那樣的事，都把他當做「儲金」儲存下來。一旦退休時，也就迫不及待地想從事過去的「儲金」工作。

只是這「儲金」的方式有技巧優劣之分。將遲早想做的事，在心中「存摺」備忘，這也算是「儲金」。

不過既然有心，所存金額越大，領款時的效果越大。

為了使「儲金」的金額加大，即使現在做不來沒關係，稍微學一點以理出頭緒。因為是在年輕時就著手想做的事，所以在能力方面比在退休後才著手要輕鬆數倍。

所以，有任何動機，出現想做的事，能著手則先著手，如此，到了退休前，機會開始來臨時，便能立刻動手。

就算沒有遇上良機就直接迎接退休，只要有這樣的「存款」，當做導軌，便能立刻邁向目的。所以，不是要把想做的事拖到以後而已，而是要首先找到著力點，先動手為要。

‧訂定自己的人生座右銘才是邁向生氣蓬勃人生的第一步

建立自己的生活模式

我有一高校時代的同學，以前巴爾可的總裁曾田通二。他的人生座右銘可說是「我行我素主義」。

自高中時代所作所為就徹底地我行我素。到了高中最後一年發起「進大學太快，何不在高中多待一會兒」的建議，說服半數以上的同學留級。

不久進入東大後，他立刻跑去學作廚師，過了兩年左右，再跑回大學，說「還是畢業算了」，就這樣愛怎麼做就怎麼做的，一向為所欲為的生活著。

畢業後他又做了什麼呢？他跑到西武的堤清二那裡參與巴爾可的創業工作，是使巴爾可成功上軌道的一大功臣。現在也不知增田在做什麼？但相信他仍故態依舊地我行我素，過著落實「我行我素主義」的日子。

另外，我一位熟友的座右銘「負面的人生」更是與衆不同。他一方面多方舉債、過著奢侈的生活，另一方面自己又不太想賺錢，他的代替方案竟是投保高額壽險，把債權人當受益人。意思是等他四腳朝天後，所能賺的錢先借過來使用，這是他所謂的「負面的人生」。

不少人認為要從忙碌的任職中仔細設定退休後的生涯規畫是根本辦不到的事。我本身連一次都沒有正式為自己設計過一份完整的「設計圖」。

可見這件事是必須在每天忙碌的工作中一面把工作和人生打成一片，如此的方式才過得來，這也是實情。

我覺得退休後的人生設計並不限於退休的計畫，反而是排開退休後延伸的顧慮，從年輕時開始的一貫設計。換句話說，這只不過是生活方式的延長而已。

套一句現在流行的CI（Cooperate Identity）來說，等於是下意識的塑造期。自己獨特的人生LI（Life Identity），若無時間作綿密的設計圖，透過自己每天工作或餘暇，考慮自己人生的LI，應該作得來。

其實，製作這樣的LI比紙上談兵，比再綿密的人生設計圖來得更具有實質的意義。終究其盡，說是六十歲以後的人生，結果是LI，亦是自己人生的實現的一部分。

●50過頭才真正懂得人生樂趣

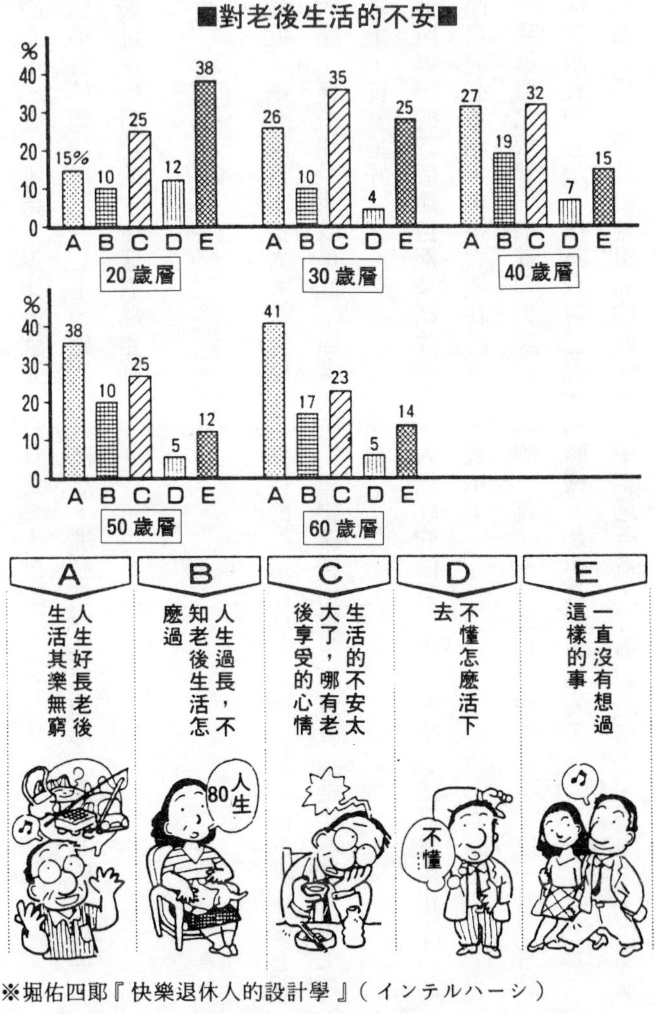

※堀佑四郎『快樂退休人的設計學』（インテルハーシ）

在那含義上，退休不算和年輕時脫離的特別時代，只要早日訂定自己的人生，決定如此的LI，固定維持，退休後就完全沒有驚惶失措的必要。

如果對於塑造自己的LI，感到十分茫然，那麼就向公司的CI揭起方針、目標、口號般地推出自己的人生座右銘也好。

也有「玩就是好」的生活方式

最近，電視節目主持人大橋巨泉，自例行節目退出成為熱門話題。他的人生座右銘非常明顯，套一句「大就是好」風靡一時的電視廣告用辭，可以改說是「不只是會工作才有本事，玩就是好」。

他所退出的二個節目都是高收視率、人氣旺的節目。也許各位會認為既然正主持熱門的節目何必退出，但是大橋在記者會上表示：

「我辭職是很早以前就預先設定好了的，為了充分做自己想做的事，以一般上班族的退休年限五十五歲，作為我自己退休的時機，是再適當不過的了。」

假如大橋斤斤計較於眼前的收視率競爭，過著被工作逼迫的日子，根本做不出急流勇退、從高收視率節目退休的動作。

原來大橋在工作忙碌時，很早就思考過自己的生活方式。

他認為「我的人生只剩二十年左右，想看看書、錄影帶，也想慢慢享受高球之樂，另外又想學歷史，想到這裡，假如委身於收視率競爭中，就拼命賺錢而死在錢裡，那太沒意義了」。

假如想使退休後的人生過得更豐富，就該像大橋，從現職時代就不受公司和社會的影響，而有自己獨特的生活方式，忠實持守自己的人生座右銘才重要。一旦設計自己人生的LI的人，根本不會為了退休後的生活而煩惱。

為公司的發展，推進了不起的CI也不錯，不過，也為了自己的人生，或多或少把CI的手法活用在自己人生的LI中又如何？只要塑造自己的Life Identity，並決定人生的座右銘，為實現LI或座右銘，根本可以不分現職或退休時代，一直有主見的生活下去。

●偶爾獨自去旅行、以拓展新朋友的交往範圍

我常出外旅行，尤其喜歡船旅，即使到國外，也常利用輪船，因為輪船之旅既費時又費事，是在任職時代難以享受得到的「奢侈」之一。

想不到輪船有限的空間，在不自由的活動下，能認識各種人的機會雖然有限，但反而容易使彼此認識。

所以，人生一有餘裕，務必或多或少增加這種「奢侈」之旅。

人，必須要有共同的體驗才會加深彼此的親密度。一同旅行，當然可以共享一段時光。換了輪船之旅，在抵達目的地之前，好幾天在船上各處，與同一人維繫了多次見面的機會。

不久，看到人也會自然地打招呼或親密地交談，原來在有限空間的共同體驗，對增加親密度非常地管用。

特別是在國際航線上的遊客，臉孔充滿國際色彩，這也是結交外國友人的好機會。

如今回想，我也是如此和很多人際會的。

不限於船旅，像旅行社辦的團體旅遊，也可以拓展各種職業的人際網路。特別是這種機會，與其邀約多人參加，不如獨自一人參加，更能有效利用。

若是夥伴多，難免熟友成群而減少了與陌生人相識的機會，而且對方可能也因此不好意思和有伴的人進一步親切。好不容易參加了超越年齡、性別、職業多人聚集的團體旅行，卻錯過了與他們接觸的良機，這未免太可惜了。

充分利用時間，一面享受旅行之樂趣，一面接觸新的資訊消息，實際上是一件很快樂的事。所以，有機會參加團體旅遊時，不妨積極與人搭訕交往，回來之後，參加照片交換會或互相家庭拜訪，都可以加深彼此的交往。

就算不利用國際航線之旅，利用外國人在本地常坐的觀光巴士，也可以增加認識外國人的機會。不論如何，在旅行中去體驗未曾有的才有意義，且較容易找到一種喜歡新鮮刺激興趣的對象。到達目的地後，查訪當地的文化、歷史，好奇的對象也會隨之不斷拓展。

可見，出外旅行能夠以自然的方式得到與陌生人相識的機會和旅行的刺激。乍看之下，天涯若比鄰的退休生活，比在工作時的生活更多采多姿。

●夫妻就是人生最好的伴侶

我在美國居住的那一段時期，使我印象特別深的，是美國人無論何事都以夫妻檔活動為多。

無論是社區活動、公司同事的派對、或是觀賞戲劇活動等，多見夫妻雙雙成對。對美國人而言，夫妻是最基本的人際關係，雙方要一輩子交往，直到一方過世為止。因此，美國夫妻會彼此交談、彼此議論，努力跟上對方的話題。他們認為若是夫妻間沒有共同的話題，兩人的關係等於走到絕路。

不過這一點卻和日本的夫婦正好相反。日本夫妻不太會相互對談。丈夫深夜回家後就立刻鑽進妻子準備好的被窩中睡覺，隔日早上，也只有一句「喂！開飯了！」不少夫妻一天的交談內容只有「小心走了」「嗯！」而已。

尤其是老舊類型的丈夫們，他們的生活是凡事公司第一，家裡則一概委任給妻子，週而復始的大清早上班，加班到深夜，平日和妻子幾乎不交談。想不到如此零溝通的丈夫心中，竟認定妻子與自己之間是心心相印，一直溝通得很好。

這種缺乏溝通的夫妻，到了退休的第一天，開始一天二十四小時面對面的生活，這時就會覺得局面更改、無法隨心如意的時候多了。

實際上，妻子在丈夫退休後提出離婚的案例一直不斷的發生。尤其是現代家庭主婦們多會在丈夫上班後，去上文化補習班或參與社區活動，她們的話題豐富，連上班的丈夫都已望塵莫及。

雖然工作忙碌，但是越忙就越須要利用假日夫妻一同行動。就算辦不到，至少讓在同住的時間裡，丈夫積極地與妻子對談，避免溝通中斷。

在評論家鹽田丸男夫妻的家裡，據說若太太米琪說了什麼話，鹽田必定以反駁方式製造議論。

在談話中，若一方是以「哦！是嗎？」的幫腔態度，那彼此的對話很容易就此結束。但若是以辯駁的方式，則可以繼續談話。

無論如何，另一半在退休後人生所佔的分量，比在任職時代重太多了。愈早發現這一點的夫妻，愈懂得如何技巧地度過退休人生。

•多和鄰居來往，可以拓展退休後的交往幅度

在任何地區，必定有守望相助的老人。這些老人雖然年紀大，卻沒有痴呆的跡象，老而彌堅、繼續從事社區活動的人多得是。

誰都看過商店街的閒居老人，他們經常精力充沛的跑來跑去，一會兒在社區舉辦活動，一會兒在寺廟拜拜建議，要是換作同年齡的退休上班族，早已痴呆化了。

為什麼這些守望相助會的幹事們把家業和財產完全讓給兒子，從第一線退下來，不但沒有老化，還經常身體健康精神飽滿？原因在於他們在任職時代，就和地區結上強烈的淵源，不停的舉辦、參加各種社區活動。

在他們的社區中，也有要好的朋友、可輔導的晚輩、或生意上競爭的老對手。他們就是在這些人際關係中，人人都需要他的情況下，保持身心的健康，在社區中深深紮根而活。

這一點換了上班族又如何呢？在任職時代，他們和社區的關係脆弱，和當地社區委員會關係疏遠。也許人家會為了建譙來募捐，他則心不甘情不願的捐一點，卻從不為這

些事真心出力奔走。至於社區守望相助會時則好像與他無關，其中視若無睹的人占大部分。更離譜的是有人甚至連左右的鄰居、誰是一家之主都不知道。

所以，像這樣的上班族一旦退休離職之後，只好一天二十四小時在家中磨耗，而困在家裡老化。所以，最好趁現在，趕快編織能讓自己在退休後仍能享有溫情、接受自己的人際網路。

為此，千萬不要忽略了個人與社區的關係。即使忙了點，但碰到社區開會或守望相助會時，要儘量不嫌麻煩、與社區相互熟悉一下子才好。縱使平常一向對社區活動不關心，退休後不妨也說「讓我也參一腳」，老年隨心如意的完成心願。

像自己孩子的國中國小家長會也可大大利用。因為在中小學家長們的人際關係中，直接串連了社區的人際關係。所以若有家長會，不要經常推老婆參加，自己也該偶爾出席，帶給自己認識社區的好機會。像這樣的人際關係有很大的潛能，使退休後的人生過得快樂而有意義。

第三章　新青年的勸告

•比青年更年輕的是「新青年」

有一次，我與作家嵐山光三郎和畫家池田滿壽夫一同上電視節目，三人分別代表四十歲、五十歲和六十歲的人，以「什麼是新青年」為議題，進行意見討論會。

說是「新青年」，當然不是指二次大戰前的偵探雜誌。我們指的是心理年輕、經常活潑、活在新時代的老一代人。故意說成「新青年」，主要是指不論活到多少歲，從不老化、經常像青年一般活著的人。

在討論會上，我們提出成為新青年該具備的條件。當時所提的第一條件是「從不回顧」，不要一直回想過去，老年像青年一樣奔向彩虹。

第二條件是「不受年齡束縛」，例如：要是只會想「活到七十還穿紅襯衫，就怪不好意思」，那樣地把自己的行動經常去配合自己塑造出來的老年形象，這一來只會自我限制向新生活挑戰的行動而已。

第三條件是「趕時髦」，不只是外表上打扮漂亮而已，在語言、動作、思考方面也都需要瀟灑的打扮一番。

第四條件是「和年輕人談得來」。他們常說「最近的年輕人如何……」，始終以自己的想法為標準而隔離年輕人的想法。不要如此，應該改想到年輕人現在想什麼，甚至於充滿彈性的加入與之同樂。條件五與條件四有關，是「對新事物、資訊消息、文化和人際關係不斷的感興趣」。

進一步地，條件六是「具有挑戰精神、好奇心旺盛」。像新力總裁井深大正在嘗試新教育文化的摸索，就是把以前的幼兒教育完全推翻，認為應該在人類腦細胞發達至百分之七十到八十結束的三歲以前，就進行幼兒教育，甚至更回溯到胎兒時期辦理幼兒教育。這就是不斷挑戰的精神。

條件七是「要有國際觀」。在心中懷有放眼看天下的胸襟，了解自己在世界上成為人類的一份子，該扮演什麼樣的角色。

人，隨著年齡增加，難免增加容易陷入低潮的因素。這時，為了應付不小心跌入低潮的產生，「個性開朗」也就成為條件之一。

除此以外，我們在會中也曾提過「擁有美夢」「作事勤快」「成為多功能的人」「經常用腦」「經常具有主角意識」等條件。

不過，條件完美齊全者是不可能存在的，光是遵守「不回顧過去」的第一條件，就不是一件簡單的事。

如果，因此而一開始即放棄，反而離新青年更遠。能夠抱持其中一件也好、想滿足這些條件的心情，才是成為新青年的真正條件。

●比起年輕人，在年紀大的人身上反而容易找到「新青年」的精髓

我有一個朋友，是創業董事長之一。他已年過八十，但他從事於任何事必貫徹始終。工作如此，打高爾夫球亦是，其貫徹毅力實爲驚人。

例如，當他向職業球手學習後，立刻在自宅頂樓陽台上蓋練習場，聘請職業球手作教練。雖然只是小小的一項高球，但這種對人對事都貫徹執著的態度值得學習。

我下意識地多和這些精力充沛老年人交往。尤其是創業董事長，無論在氣力、魄力上都實在了不起，真是「新青年」的楷模。有時找他們請教一下當初是如何引發創業動機的著力點，也是件快樂的事。

身為創業者，真是不同凡響，他們能看出一般人作夢都想不到的構想而著手創辦，

●60歲出頭快樂人生「新青年」形象

■今後老年人的形象■

舊老人		新老年
●生病、體弱 ●衰老、痴呆 ●體力衰退，早已看開 ●想死、遲鈍、慢	身體	●健康 ●老而彌堅、精神飽滿 ●靠精神力支撐 ●活著瀟灑、快
●窮 ●隸屬人口 ●受扶養家族 ●低消費水準	經濟	●富 ●義工 ●獨立戶口 ●每人平均消費
●保守的、消極的 ●隨從 ●隨和輿論 ●迷信、守舊、頑固 ●殘生感覺 ●固定構想 ●依賴子女而活 ●生活行動範圍狹窄 ●唯惶唯恐 ●無私	生活意識	●進步的、積極的 ●改革性隨從 ●領導於輿論 ●合理、有彈性 ●本生感覺＝今後才是 ●自由構想，真正的人生 ●和社會打成一片而活 ●生活行動範圍廣濶 ●堂堂正正 ●寧可自私
●純樸適配年紀 ●日本風格生活方式 ●槌球 ●團體旅行 ●越老舊越好 ●廉價取向 ●重視機能	消費行動	●多采多姿，自我表現 ●追求歐美合理性生活 ●時髦運動 ●再蜜月旅行 ●分得清真假 ●注意效率的電腦評價 ●額外的附帶價值

※岡本勳「向高齡化社會的企業適應」（月刊休閒產業資料235號）

我也受了不少刺激、獲益匪淺。

的確，和年輕人交往可以在身心兩面得到很好的刺激。但進一步，想成為新青年，最有效的是找自己同代或前輩中，多多學習有蓬勃生氣的人。

換了比自己年輕的人因為肉體年齡也年輕、只能給刺激，不能當楷模。萬一模仿他，身體承受過大負擔，只怕會把身體搞壞。我認為不如改以六十多歲、精神飽滿、活躍一時的前輩為目標更好。比起精力旺盛的青年人，在這類前輩身上，反而更容易找到新青年的精髓。

特別是在老年人中，功成名就又有一技之長的人，在任何地方仍是高手一個。他們執意工作的精神超越常人數倍以上，假如這種執著消失，則無論在精神上或肉體上都會破綻百出。

所以，能盡己投入於喜好的，多得是精神飽滿、健康長壽的人。

那些長壽類型的人，以大學教授或評論家等自由業居多。他們愛怎麼說愛怎麼做，就真的去實踐，笑罵由你、我行我素而毫不在意。

此外，他們也很認真地左思右想用盡腦筋，以超強的好奇心對各種事物感興趣，為了一件事就算跑到現場看也在所不惜。

另外，為了經常當一個新鮮的「新青年」，和「年輕的青年」交往也是手法之一。

據說現年六十七歲，永谷園本鋪董事長永谷嘉男的健康法就是「不和老年人交往」。同樣是打高爾夫球，他不願老人式的高球打法，儘量採取可以和年輕人一別苗頭的攻擊性打法。他現在身高一七三公分，體重六十七公斤，體格年輕，打球有一手，採用每隔一洞就減計一杆的礙障賽（handicap），這種half-one打法，對他來說也是輕而易舉的事。

●一生享受青春的快樂

心想「自己還年輕」，就真的年輕了

前幾天我碰到一件事，那天我去參加中學時代的同學會時，看到前面坐著一位衰老的人，因為完全想不起對方過去是教哪科的老師，所以心裡自覺開始老大不中用、腦筋轉不過來了。

我問隔壁的朋友：「他是哪一位老師？」這位朋友竟回答：「什麼話！他就是○○

同學啊!」他的回答讓我啞口無言。

想對照的是我曾受教的老師。他雖已年過九十，卻老而彌堅。前些日子我對他說：「哇!老師，你看來真年輕」，結果卻挨了罵：「對年輕人說『你很年輕』，這是什麼話?你是把我看成老年人了嗎?混小子!」

六十歲以後年輕與否因人而異，相距可大了。有的人生氣蓬勃、充滿青春活力，一點也看不出是年過六十的人。而有的人則老得嚇人，也看不出只有六十歲，看起來更爲蒼老，像我們這類六十多歲的人開同學會，都常會為彼此的狀況而驚惶失措。

話說「董事長不是一開始就是董事長」。由於剛當董事長時還不習慣，所以舉止之間並無董事長之風，但日子一久，周圍皆喚為董事長，而本人亦有其自覺，在各方面舉止得當之後，便改採真正身為一個董事長的風度。

關於「年老」亦是同理。重點在於有沒有認定自己年輕，並且足以影響自己的外表。

據說江戶時代的詩人松尾芭蕉，年方五十猝死了。現在看到他的畫像，覺得當時五十的他，看起來不像五十歲，說他看起來像七十歲也不嫌誇張。

據說松尾芭蕉自稱為「翁」，認定「老成」是件好事，而且在四十六歲進行『奥之細道』之旅時，就已經準備踏上不歸路了。

的確，對人生五十的古代來說，這種想法並不稀奇，所以芭蕉配合「五十已老」的想法步步老化。但現在已是人生九十的時代，若你也像芭蕉那樣，不到五十就心想已到人生終點而接受老化觀念，這也未免言之過早了。

青春既無起點亦無終點

身為女思想家及小說家，追究人類生命的薄芙娃曾提過，那些在名人錄榜上有名的六十五歲以上男性中，有七成的人平均每月做愛四次之多，這曾使四周的人嚇了一跳。人們之所以驚訝的主要原因，是因為根據當時法國的社會通念，六十歲以上的老人每月平均性交四次是根本不可能的。但實際上，活躍於社會第一線上的人，到了六十歲後半，身心都能繼續保持年輕。

為了結婚和離婚問題，常引起媒體騷動的歌星五月綠的座右銘據說是「青春生涯」。我覺得這句話很好。他每次接受新聞記者採訪時都說：「要常保年輕，重點在心情」。事實如此，只要不被老舊的社會常識所束縛，並能繼續告訴自己「我年輕」，誰都能體會「青春生涯」。

據說以前有位福岡電視晨間新聞播報員長尾鳥，是位年過七十還活躍一時的女性。她本來是博多旅館的老闆娘，為了早一天從失去丈夫的悲哀中恢復過來，她接受新聞播報員的工作。

這位在博多街上開旅館的老闆娘，無人不知的名人長尾鳥，以如今幾乎聽不到的純正博多口音、配合自己的經驗報導新聞。

瞧她充滿說服力的報導姿態，不愧是旅館的老闆娘。她穿著端正的和服姿態頗受歡迎，甚至還有許多長尾迷寫信到電視台捧場。

為人熟知的世界級鋼琴家盧賓斯坦，當他開始出莫札特鋼琴協奏曲的唱片時，已是七十多歲的事了。他曾表示：「眼見已七十多歲，我看自己總該有彈一下莫札特協奏曲的能耐。」

不少人在年紀大了之後，才找到新的生活意義和新工作並沈醉其中，使人生過得更豐富。話說活到老學到老，年過五十學書法都不算晚，所以，在人生中開始新的工作也無年齡限制。

凡事心想明天的自己要比今天的自己更進步，同時能相信自己會進步的人，不論年紀多大，都能同時掌握新的希望和新的生活。

對自己的未來要有信心

很多不具前瞻性思考的人，大多消極的想「自己已經沒了」「自己的人生到此結束」，他們對未來毫無希望，所以開始不斷回顧過去地說「我在年輕時，如此這般」「想當年，如此這般」，沈迷於過去的回憶裡，執著於一些根本無可奈何的過去，而把大部分的時間浪費在追憶中。

為了避免自己陷於消極的心緒，我從三十歲時刻意不留下照片。

我告訴自己，不要回顧過去，自己只有將來而已，我如此地勉勵自己，所以家裡沒有留下年輕時的相簿。

又像日記，我也下意識地不寫。如果只是回顧過去自己的成就，而沒有前瞻性的生活意識，那盧賓斯坦版的莫札特，可能不會出現在這世界上，長尾鳥也是一樣。

長尾鳥在節目結束的同時辭去了電視台的工作，又再度回到旅館，當她的老闆娘。如果當時她只是沈溺於亡夫的回憶中，而停留在老闆娘的工作上，那她就沒有機會一探播報工作的新世界。

•要保持年輕就必須「製造勁敵」

只要有學生時代的同學會，我都會儘量出席，這不只是為了懷念之情，也是想透過和自己同年齡的人見面，在他們之間看到自己的面目。也就是受了保持年輕的勁敵意識的緣故。

參加同學會，眼見對方雖然與我一樣年紀，想不到精神飽滿生氣蓬勃，心想「為什麼那傢伙這麼年輕」，而形成想學習他的秘訣之心。相反地，看到老態龍鍾的人就會使我放心地想「我還年輕」而有了自信。

山姆•魏爾曼在一首叫『青春』的詩中說：「青春不是指人生的某一階段，而是意味人生的心態。青春不是指玫瑰般的紅顏、羚羊般的矯健身手，它是指堅毅的意志、豐富的想像力和燃燒的熱情。」（作山宗久譯）

可見要享受青春樂，經常維持熱情很重要。

說要「常保熱情」太抽象，實際上很難體會該如何表現。最便捷的方法之一，是要有勁敵。面對競爭對手，心想「別人不知，那個人我絕對不輸給他的」。如此的勁敵意

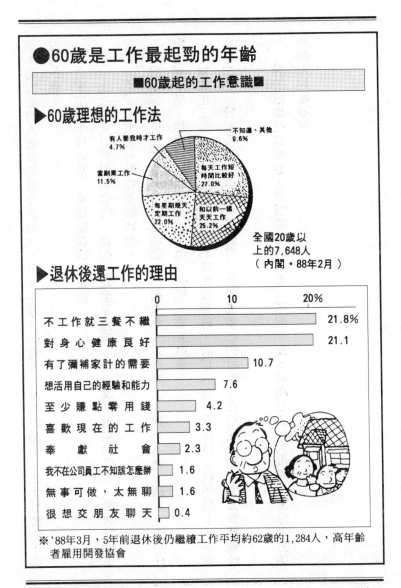

●60歲是工作最起勁的年齡

■60歲起的工作意識■

▶60歲理想的工作法

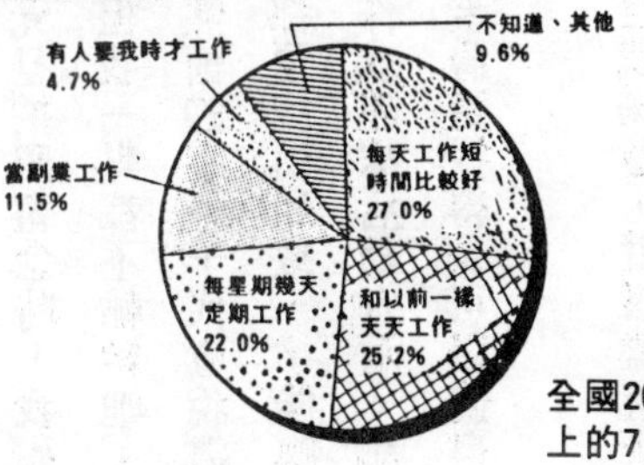

全國20歲以上的7,648人
（內閣・88年2月）

▶退休後還工作的理由

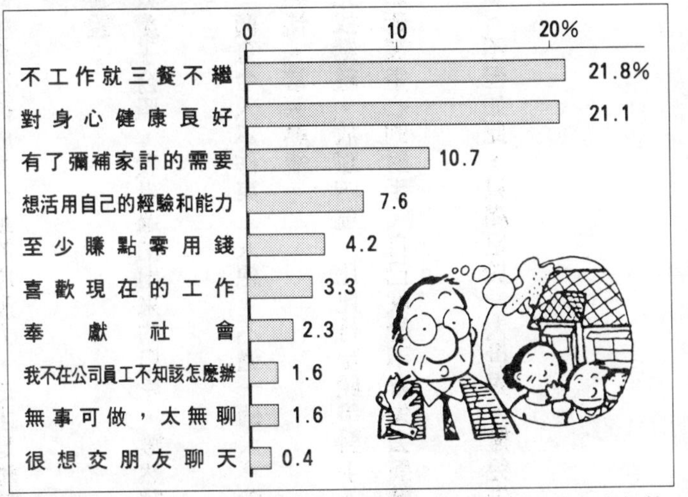

※'88年3月，5年前退休後仍繼續工作平均約62歲的1,284人，高年齡者雇用開發協會

識，可以使待人處世方面充滿熱情，由產生意欲而成為行動的原動力，這才是維持年輕的特效藥。

作家宇野千代在某一家雜誌採訪時曾說：

「上次在元旦拍照留念時，我和松坂慶子合照，我看過拍出來的相片，雖然雙方年紀差一甲子，但我一點都不輸給她。」

經常保持熱情的宇野千代會說這話，簡直令人不作第二人想，不過一個人不管是什麼芝麻小事，都要找出勁敵，才能喚回熱情，常保熱情。

無論在工作或趣味活動方面，都要先找勁敵。放眼四周，比比皆是競爭對手。不管再小的事，只要身邊找得到可以使自己燃起競爭心的對手，自己就絕不會失去前瞻精神。

對於結果自我滿意，就很難有所進步。不但如此，只滿足於一人世界，難免失去朝外解脫的積極性。

•新青年「到死為止還現役」

我的前輩，在千葉大學教心理學的盛永四郎，在他留學德國從事知覺的研究時，留下不錯的成績，卻令人想不到，在他晚年得到巴金森氏症。所謂的巴金森氏症就是腦部對身體各部的筋肉指令無法順利傳遞，到末期則全身癱瘓的可怕病症。雖然看東西想事情完全正常，但就是身體不聽指揮。

盛永老師雖然患了巴金森氏症，但晚年還翻譯了馬加博士的『視覺的法則』這本專門書。剛開始翻譯時，右手完全不能動，所以用左手打字，而且一次的動作力氣不夠，敲不好字鍵，必須雙重動作以反覆方式才打得出字來。等左手也漸漸不自由之後，就叫太太畫一張字母表，由他用手指，讓太太打字，就這樣一字一字用雕刻似地完成翻譯的工作。

到了最後的最後，老師還繼續擔任千葉大學的教學工作。當然，他不能站在講台上，所以也以前述的方法，把教學內容寫成講稿，讓等在病床側的助理拿到課堂上讀。很多受課的學生們因此從老師的生活態度中，學到比講義更多的內容，他們看到一位學者對追求學問的熱情和表態。

人與年齡本無關，只要有心，不論到了幾歲都可以繼續工作。不只年齡，連生病也不例外，主要是精神力的問題，現在自己能作多少並不重要，重要的是自己要有還在現役的活躍意識。

作家邱永漢曾在書中說過，因為自認未來可能沒開車機會，所以駕照過期就不再換新的。雖然曾自我肯定，自我安慰非如此不可，但不能再開車的意識對他而言，只會給他更強烈的人生黃昏的感覺。

雖然這只不過是小小的駕照，認為自己還能繼續開車的現役意識，比起認為自己必須退出持續了好幾十年的開車生涯，兩者觀念的差距可大。當然，邱本人目前仍在現職中活躍，換了別人，有了這樣小事，精神上受打擊就欲振乏力，所以，雖然只是開車而已，能經常保持現役的意味可大。

喜劇大師卓別林曾經被問：「你的最佳作品是那一部？」

他回答：「下一部作品。」

這句話證明他的前瞻性，自認為在第一線上才有最佳作品。天才舞蹈家大野一雄到了七十歲才第一次受到社會肯定，而他現在八十四歲，仍然一年數次地到歐美各國或南美洲去公演旅行，繼續跳舞生涯。

人生到死為止都是現役，能夠自己自信仍是現役的人，不論年紀多大，人人現役，通行無阻。

●擁有一技之長是保持現役精神的要訣

可能很多觀衆還記得以「前畑加油」在廣播電台出名的女子兩百公尺自由式冠軍的前畑秀子。聽說她現在七十五歲，還在名古屋市的游泳池被尊為「校長」，擔任游泳教室的指導員，繼續活躍中。

前畑過去曾在女性游泳教室的教學中中風倒下，被送進醫院。但她靠著游泳鍛練出來的強韌毅力和體力，克服了步行訓練的復健，很快恢復。一年半後，她更在兩個游泳池重新開課，指導游泳，這讓四周的人都大表驚訝！

中風而倒，奇蹟似地撿回一命，才住院三天又很快回到社會，這種熱情的燃燒，前畑「我能游泳」的自信心占了很大的影響。

前畑心想以前靠游泳發奮圖強，再苦的練習都忍下了，也曾在奧運中得到金牌，再想到要和病魔抗爭，簡直是小事一件。而且，希望能儘速復原，繼續心愛的游泳運動的心情，也是一個重要因素。

參加由每日新聞主辦「歐巴桑選美賽」而得獎的六十九歲老婦，擁有八十五、六十、八十的傲人三圍，她靠飲食、舞蹈和美姿來平衡，天天量體重，以保持四十五公斤的標準體重。

她對自己的美姿很有自信，而她獨一無二的自信讓這位快七十歲的人，尚能保有二十來歲女性也自嘆弗如的身裁，維持著年輕的精神。

不管是前畑或是前面的美姿女性，凡是活得年輕的人都擁有「獨一無二」的信念與榮耀，使他們經常留在現職工作。

所以，擁有自己「獨一無二」的拿手特長，不管年紀多大，仍然帶來現在就退休未免言之過早的可惜心情。

雖然這樣說，要找到「這個我最拿手」的東西，也許很容易的。但是從事於「這個我喜歡」的趣味活動，對現職精神的維持也有很大的功效。只要在日常會話中「我最喜歡釣魚，我等不及假日要去釣魚」這樣地自我宣傳，說不定就會有意想不到的人與你搭訕，或邀你一起去釣魚。

●60歲開始開車，最能使駕駛露一手

■想要繼續開車的年齡■

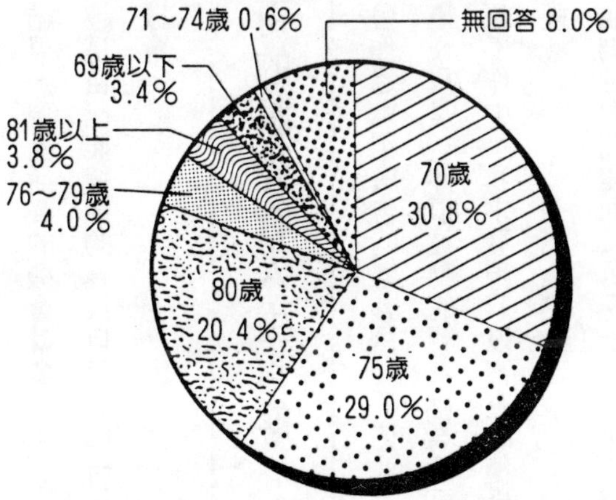

※'88年9月，首都30km圈居住60歲以上500人駕駛（大東京產物保險）

與人閒談時，稍稍提起自己的興趣，若雙方興趣相投，可使會話更談得來，可以進一步深交。就算沒有產生立即的效果，也會在對方心裡留下印象。有了這樣的動機，在口碑載道的結果，現役活躍的機會就多了。

所謂興趣是自己能積極的尋找自己的擂台，在與人交談時提起自己的興趣，造成自己上擂台的機會。

●以好奇的眼光看人生百態

以前我曾作過電視廣告的審查員，不停地看那些一天也看不完的廣告片。之前，我一直認為看電視只是一件很被動的觀看行為而已，但自此以後，我就覺得太可惜了，因為在我的實際工作中，我才發現若以審查的積極意識看電視，就會在平常不留意處也會有意外的收穫。

當公害成為社會問題而甚囂塵上的那年，每家電台都播放翠綠的森林高原，山中的溪流等大自然優美的景象。在被肩形蜥蜴掀起熱潮時，各電台則紛紛出走尋找其他的稀奇動物或標新立異的事物。

我們不該再以被動的方式看電視了。無論是連續劇或廣播，我們都該以主動的姿態來體會屬於這個時代的資訊消息。擁有「批評眼」的態度，批評的對象，可以從整個節目的結局、演員陣容到同類節目的比較和時代社會的意義等，比比皆是。只要靠自己獨到的觀察，可以成為無窮盡的興趣的對象，想想過去只是個被電視操控的被動觀衆，就覺得太窩囊了。

年輕的心對什麽都感到興趣，並具有從中找樂趣的一顆心。但也許很多人會反駁感興趣的事不容易找。其實只要以頭一次被抛到這世界的幼兒立場，放眼看四周，在平淡無奇的日常生活中，也可以發現到處都藏著各種值得關心的事。

小澤四郎對「猜拳」感興趣，為它尋根二十年。她自小都只是無意地與人猜拳，但當他一旦以好奇心的眼光再來看，猜拳這門學問可大了。

小澤曾立志作語言學者，所以對猜拳的尋根工作採取正式而道地的步驟。他從有關連的國家時代以及語言的含意和音的變遷，樹下獨自的推論，進行研究。他說研究進度順利，盼不久能出版一本書，這是他的希望。

一九二二年出生、現在八十七歲，還是個現職畫家的豬熊弦一郎，獲頒三等瑞寶勳章。他是代表日本抽象畫壇的畫家之一。

他十五年前曾因腦血栓而倒下，但又很了不起地恢復過來，自太太死後至今，仍過著自炊生活。

據說豬熊仍現職活躍的原因是好奇心特強。他每天都會到鄰居那兒散散步，或是到商店街的書店逛逛，有工地現場他必定停足觀看，石頭也好、空罐也好，只要形狀被看上，他就撿回家帶進畫室速描。這帶給他源源不絕的構想而影響下一部作品。在他長達二十年旅居紐約的生活中，他更常去迪斯可舞廳跳舞，看到年輕人來找他，他就會充滿好奇地詢問哪裡有最趣味的舞廳。

他說：「在這世界上沒有一件事是自己不必要的，所以任何事都不要拒絕，從其中發現對自己有利的地方，這才是創造人的心。如果因為年紀太大而成了老頑固，接著失去向新奇挑戰的心情，這樣的工作又怎能做得下去。」

可見目光朝外並與外界有所關連，這正是他這快九十歲的人，能繼續扮演創作世界中之一員的秘訣。

●造成積極人生的誇張效果

體操權威竹腰美代子在演講中對中老年的聽衆說：「放下你們的東西，大家一起起立。」這是他常作的測驗，接著他很快就會說：「好了，到此為止」，然後再解釋「剛才有聽到而立刻起立者，沒有老化」。

竹腰所說的「老化」不只是體力上的，還有精神方面的。精神衰老的人，通常比較消極，碰到竹腰的問題，他就會找藉口說「哇！那多麻煩」或「為什麼要我起立？」等，他的動作難免因此慢了一拍。

過於慎重，常不必要地左思右想，無法變得積極點，或在身體上精力不足，對任何事都嫌麻煩的人，在日常行為都很明顯地遲鈍了些。

當你在拿起電話、聽到有人叫你名字、或上司對你有所吩咐時，若你的身體無法立刻聽命，那你就需要注意了。

為了避免陷於此僵局，最好在平常就要有凡事都要動作誇張的心理準備。當有人喊你時，你不僅是臉孔，要連整個身體朝向對方或站起來大聲回答。和別人談話時，也要善用手勢、侃侃而談。

一丁一點地開始誇張的動作，連肉體的精力也逐漸升高，更別提精神方面也起了作用。這樣，在緊要關頭時才會產生立刻動身的精神氣力。

最近走在街上常見到年輕人用路邊的櫥窗當鏡子來修整自己的裝扮。在車站探照鏡子的男性人數也比過去多了許多，可見現在的年輕人在大庭廣衆下照鏡子也毫不在乎。

反過來說，也常見到在百貨公司西裝專櫃試穿衣服時，以難為情的表情，看鏡中自己的多為中老年人了。

俗語說「明鏡照心」，因為鏡子把自己當時的心情配合著表情姿態一起反映出來，而鏡子所反映出來的也就是四周人眼裡所看到的自己。所以說，我們可以以客觀的眼光來看看鏡子所映出的姿態。

●過度的自我意識是保持年輕的原動力

以前有個白天的電視節目，內容是由目前仍活躍在藝界的五十到八十歲的女性，來回答觀衆的來信問題。看到這樣的節目，使我佩服的是那些登場女性的年輕漂亮和整潔衣著。雖然只是個解疑的節目，但她們每次登場時都以新穎精緻的衣著打扮讓觀衆耳目一新，這種服務精神使我欽佩其專業與衆不同。

在演藝界中，即使上了年紀，卻依然站在第一線工作，而放出年輕光芒的明星們比比皆是。我想這與演藝界中須要意識他人眼光的工作性質有關。

演藝人員在身心兩面都有受觀衆觀察的緊張感。說不定這樣的緊張感成了他們常保年輕的秘訣之一。

那是說自己受人注目的自我意識成為保持年輕的原動力。

一般人，尤其是中年上班族，好像討厭受到四周人的觀察。像是在咖啡屋或電車中，明明中間座位空空如也，但大部分的人仍會刻意地坐在不耀眼的角落，從這點不難看出箇中心理作祟。

這種事在心理學上被稱成庇護願望（Shelter）。這是根據當人身處空曠的地方，如果旁邊有一面牆，在受攻擊時會容易守備的心理行動。像這樣的庇護願望，使人產生消極的行動。

心態積極的人庇護願望少，反而喜歡中央耀眼的場所。這一點到動物園看彌猴山的猴子就知道得很清楚。首領猴大多居高臨下睥睨四周，次位的則居於其下，至於地位越低的猴子越是在角落縮成一團。

可見坐電車時經常想坐在一端的消極人，是最容易成為角落猴的。假如一個人養成這種習慣，就會逐漸覺得度過生氣蓬勃的生活是太麻煩了。

為了要變得更積極，就下意識的擺脫庇護願望，有時不妨試試在電車或咖啡店裡找個中央的座位，這時那種別人在看我的潛意識，和坐在角落的心情完全不同，可以經驗一下緊張的感覺。

若有可能，在開會或酒宴時，故意選擇坐在一向討厭的上司對面，被自己覺得棘手的上司注視，比被陌生人注視時的緊張感更大。

或者也可以在身上帶一件會引人注意的小東西。例如，同樣是手錶，可以選購有些修飾，或式樣稀少的類型，然後在別人面前若無其事的戴著。

你不必採取行動，那不說話的小道具自然會吸引對方的注意，讓對方覺得好奇，甚至於來向你搭訕。因為重點是自己身上所帶的東西，所以繼續帶著，說不定還會引起更多人的注意，這就是自我意識的效用。身上帶的東西引來了自己本身受觀察的意識，其實就就是模仿明星經常覺得別人在看他的自我意識行為。所以，在場所或小東西上下工夫，是可以引起充分自我意識的方法之一。

‧不在乎年齡的打扮使內心更為年輕

有一次，我曾和中小企業公司董事長會面，他說：「在這十年來，只要東京任何一家百貨公司舉行拍賣會，我一定到場。」

這句話至今仍印象深刻地留在我的腦海。固然躍進拍賣場的魄力令人欽佩，但不僅年輕時如此，更維持了十幾年，這才是最驚人之處。

這位董事長認為「不要以為男性就不用打扮，越積極裝扮的人越有出息」。他說的也許是實話。一條領帶或是一件襯衫都要自我選擇才穿戴身上，自己才會有勁頭，才會更有培養積極性的信念。

有一次我的朋友聽人家說「現在已經沒有一個年輕人用領帶夾了」。聽到這樣的話之後，他就不再使用領帶夾了。實際上看年輕人的服裝，與其用領帶夾固定，不如任領帶隨風飄盪，看起來更有彈性，也更瀟灑。

在電視中常出現妻子勤快地為丈夫準備上班服的畫面，乍看之下，此景令人惋然一笑。就算是太太有過人的眼光，先生的服裝一律委任太太打點，意味著先生想使自己顯得更好看的積極意願也缺漏了。不過說來遺憾，這類型的中年上班族，可是出乎意料之外的多。

據說真正時髦的人，才不會讓太太對自己的服飾插嘴。簡直是從內褲到手帕的小東西，都一概自選。

要「選擇」就要有先作一番比較，時髦的人會因此要求自己多跑幾家商店，直到自我滿意為止。此外，在衣飾的挑選上來說，這就是顏色、圖案、外型、質料等的組合，需要有彈性的思考。時髦的人也是積極的人，對當時流行的趨勢比較敏感。

在日本的女性中，很多人年紀大了仍努力使自己顯得年輕貌美。而相比之下，日本的男性年紀一大，對裝扮更消極的人就多了。在年輕時被公認是最流行時髦的人，到了所謂的「中年」，就漸漸懶得去想服裝而改穿屬於中年的衣著。不過以時髦的真正含意而言，年紀越大，更需要好好打扮一番。

同樣是穿西裝，何不按照工作的內容和當天的心情在衣飾上來點變化，可以更新一下容易每天單調化的心情。或者，稍微下一點工夫，就可以製造自己獨特的原裝領帶，造成某一種商標來強烈的訴求自己。如果要成為富有魄力的人，就不只要計較內涵，還要執著於自己的外表和生活方式，充滿行動力才行。

●年過60才正需要「時髦心」

■年代別顯示今後生活重點■

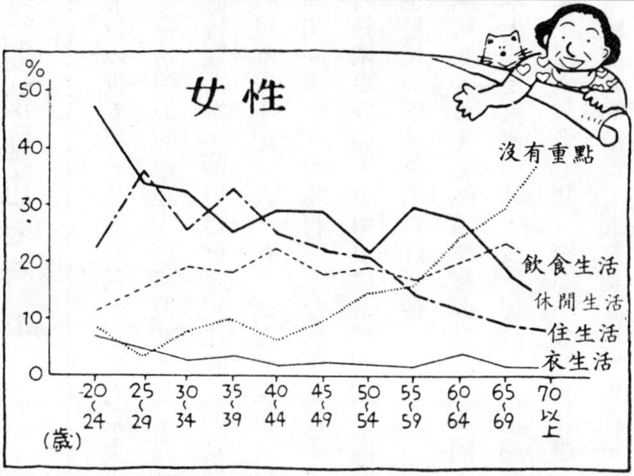

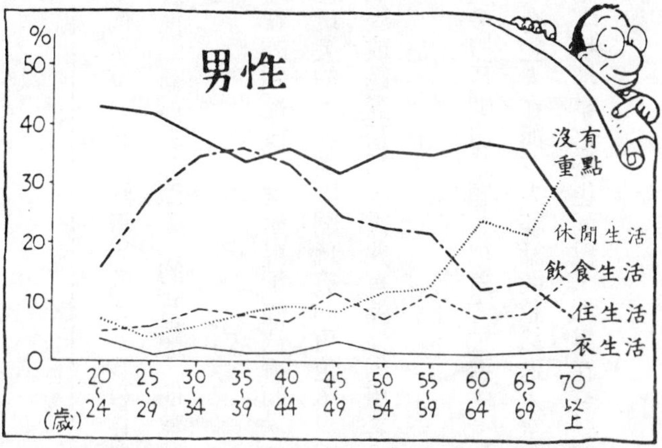

※總理府內閣總理大臣官房廣報室「有關國民生活世論調查」88年5月

●談話要積極也要時髦

以前曾以世界第一長壽聞名，以故的泉重千代是位充滿幽默詼諧的人。我曾在雜誌上讀過一篇訪問他的趣談。當時他被問到「喜歡那一類型的女人」的時候，他竟回答「我一向恃寵而嬌，所以喜歡年紀比我大的女性」。

一般日本人年紀一大，在公司得到課長、經理的頭銜後，就變得正經八百的。在公司的上司和同事中，也常有開不起玩笑或聽不懂玩笑的人。其實開玩笑的角色不只可以使四周的氣氛更親和，更可以聊得更起勁，因為說或聽詼諧話，需要有彈性的思考力，這同時也是使頭腦清晰的良好訓練。

要開玩笑，首先必須積極參與交談。美國人最擅長製造話題、把對方扯進去。相對的，日本人總是攻於心計，設計配合對方步調。有些人在與友人談話間忽然進入空檔而話題中斷，接著只會心想「糟了！我該講什麼話」那樣察言觀色而已，如果在交談間的話題就這樣消極的推進，那對話怎能產生詼諧有趣？

人年紀一到就越不愛主動表現，常自以為「我說這樣的話，對方可能一點都不感興

●標榜精力充沛的長壽人生

■100歲壽星的長壽秘訣■

※對象：滿100歲的1107人中扣除進養老院者的其他995人，住友人壽調查（'88年2月）

趣」，這種不安感徒使消極性有增無減，結果口才越來越差，講起話來更乏善可陳。

為了避免陷於這樣的僵局，就要常常主動發動談話，至於別人的感受也不必太介意。萬一會話中斷，不妨提一些自己的感想，就算是再小的芝麻小事也無所謂。例如，可以以一句「聯考快到了」來開頭，話題可以無限的擴大，從自己的子女再談到自己學生時代的生活都可以。

就算是內容不怎麼起眼的話題，只要有對話，就能刺激頭腦。教我魔術的高木重朗是一位業餘魔術指導師，他所會的範疇很廣。向他求教的我們雖然年紀與老師不相上下，對於學過的招數也練習過好幾次，但偏偏容易忘記。這是因為自己單獨練習和反覆的教別人形式不同，當然在記憶的程度上，就也會有相當大的差距。

交談的道理也是一樣，記住的事千萬不可放下不管，最好講給別人聽，比較容易經常記得。只要一方有話題，另一方自會提供別的話題，如此增多話題，談話的內容就會更豐富。

透過扯上對方推進會話，就能漸漸克服對會話的消極性，如此一來，不但自己本身可以享受談話的樂趣，也能搖身一變成為帶頭指導會話的積極人物。我們何不除了在服飾以外，也在會話上抱持時髦之心。

●能克服低潮的人才能壓制老化

不管年紀多大，我們應向「小黑」學習

我看過「小黑」的作者，以九十三高齡過世的作家田河水泡的記事。最近常在銀行的海報上看到，極受年輕人歡迎的是小黑的漫畫。記得我在小時候，對「小黑」也是愛不釋手。主角小黑在軍隊中出盡了洋相，可是他個性開朗，一點也不氣餒，因此小黑的開朗性帶給當時的我們有如救星一般。

田河說過能經常精神活潑又長壽的秘訣是「這也不對、那也不對，想想太麻煩也就不必斤斤計較於細節了」。他太太也曾描述先生「遇到什麼困難都不矯柔做作，一直保持開朗的態度」。

人生從小事到大事的失敗是難以避免的。年輕時的失敗認為是沒辦法的事，但仍會再提起挑戰的鬥志。

待年紀一大，那種「見不得人」「太難過」的心情就會增加，可是若經常排除不了為失敗而氣餒的心態，對事情毫無改善的好處。

常人言「人是感情的動物」，正確的說應是「人是容易被感情左右的動物」。尤其是在陷入低潮時的感受更強，不管做什麼事都提不起勁，對眼前的美食提不起食慾，就算約了人打高爾夫球也一點都不心動。

在年輕時不論精力或體力都很充沛，若忽然出了事，就算因此陷入低潮也能很快地東山再起。不過等年紀大了，一切就沒這麼理想了。

尤其是年紀愈大，就有愈多的機會參加別人的喪禮，看到更多讓人陷入低潮的事實。即使如此，如果一直待在低潮，什麼事都懶得做，就難免會呈現為落低潮而落低潮的狀態。

遇到這種情況的解決方法之一，就是把心中煩惱的原因寫在紙上。

陷入低潮時就把心裡的煩惱寫在紙上

這是成為心理顧問的基本方法。對於有心理煩惱的諮商者，親自成為一面鏡子，把諮商人的煩惱照出來。「那是說，你是想講如此這般的話……」，反覆說出諮商者的煩惱或是把諮商者沒頭沒腦的話整理出來，讓對方一吐為快。

人常陷於自己的感情而無法找出解決的辦法，假如寫下煩惱的事，或許會發現煩惱的原因，竟是如此的錯綜複雜或意外的簡單。查出原因，排好優先順序再加以整理，這時就不難找出讓自己從低潮中恢復的線索。

哲學家鶴見俊輔在整理一件思緒時，會在身邊的紙上畫上○或□的圖形依序整理出來。這樣的圖形在別人看來莫名奇妙，但在鶴見的腦海中卻代表了另一種想法。

有趣的是他畫了圖形就容易突現思考的關鍵，空手想則連應該可以整理出來的也整理不出來，所以才會選擇透過書寫的方式來整理思緒。

書寫的行為成為心理學上的「緊張減弱」（Tension Reduction）。透過書寫可以看出煩惱的原因，進一步觀看，也可以客觀地透視煩惱，這算是「緊張減弱」的效果。

只要能客觀地注視煩惱，就不難發現解決的方法。在失敗之後也能東山再起的人都是從失敗中找到一條活路，把失敗當作彈簧的人。

這樣的人懂得冷靜判斷自己所犯的錯誤，並分析原因、找出自己的能力所及和人力難為的分界點，不再拘泥於失敗，同時也更容易得到下次行動時該注意的指針。

第四章　向未知挑戰的快樂

●只採取安全性的行動，無法產生新的可能性

要有挑戰的精神及創造性的心

我的興趣之一，是收集繪畫。當然，我不可能收集畢卡索、高更、雷諾瓦等，在世間擁有高評價的名畫，僅能收集一些尚未成名的畫家。我希望在未成名的畫家中，尋找我自己的「名畫」，並且觀測未來這幅畫可以獲得何種評價，從某種意義上來說，這不也是極具創造性的作業嗎？

新星日本交響樂團的榮譽指揮山田一雄先生，現在已屆七十七歲高齡，但是他的指揮功力，卻在全日本的指揮家中，得到最熱情的評價。當他興奮得在指揮台上跳起來的時候，就好像在跳舞一樣。山田先生曾在自己的書中說道：

「美妙的聲音，是發自指揮家藝術的高度與靈魂的重量。」

他又說：「我經常在思考應該演奏那一首曲子，從事創造性的精神戰鬥。肉體的能力雖然會逐漸下降，而精神的能力，卻可以無限伸展。」

他還說，只演奏和過去相同的曲目，是不能滿足自己的。一流的指揮家，往往在高齡之後，會恐懼自己的失敗，因此，根本不願碰觸一些新的曲目或是高難度的曲目。但是，山田先生卻迄今仍孜孜不倦的向新工作挑戰。

不只山田先生是如此。專為女性作家所設立的女性文學獎，曾選中一位七十八歲的女性作家為受獎人。而她得獎的著作，是一本描敘自己充滿曲折的人生經驗的作品。也是她的第一部處女作。她以七十八歲的高齡，勇於向未知領域——小說挑戰的精神，真是令人欽佩。

從孩提時代開始，我就被教育著，對任何事都要有萬全的準備。的確，有了萬全的準備，就可以確保行動的安全性。可是，假如只作萬全的準備，那麼，對於尚未經驗或未知的事物，必然畏縮不前。

因為，只要避開「未知」就等於避開危險的思考方式已經成形了。結果，即使那是很無趣的作法，也只採安全的行動，不願意向未知的事物挑戰。

任何人在年幼的時候，對於未曾品嘗過的未知世界，都懷有一份期待與夢想，而且對之興奮不已。即使年歲已老，我相信這個世界還是有自己不曾接觸的領域存在。假設因為失去挑戰精神之故，而未曾察覺這一點，將是很可惜的一件事。

不要害羞，找出自己的可能性

開始一件新工作的時候，產生不安與憂慮是理所當然的。或許有人認為，年事已老才從頭開始，是很難為情的事，若是進行得不大順利，那不是很丟臉嗎？可是，正因為年事已老，所以才不可能做得像年輕人一樣好。但是，若能重新思考挑戰本身就是一件重要的事，或許不安與難為情，就可以雲消霧散了。

以醫師的身份進入非洲，為當地人獻身服務的阿貝爾、休拜札博士，除了醫師之外，他也同時以清教徒神學家、哲學家、音樂家而活躍著。他曾說過：「我擁有的，只是人類應有的全部素質。」

不只是他，人類的可能性，並不是自我設限所決定的狹小範圍。如果只想進行沒有困難而且安全的行動，那麼，你將在永遠無法察覺自我可能性的情況下終了一生，以這種方法，渡過長長的一生，那實在太可惜了。

不要認為向未知挑戰是一個困難的事。說得更直接一點，吃過去未曾吃過的食物，就是一件切身而容易進行的挑戰。只要稍微鼓起勇氣，就可以發現新滋味的歡樂，找到新自己的喜悅。

●公司內的工作足以運用一生

■高齡之社會活動參與者過去的職業■

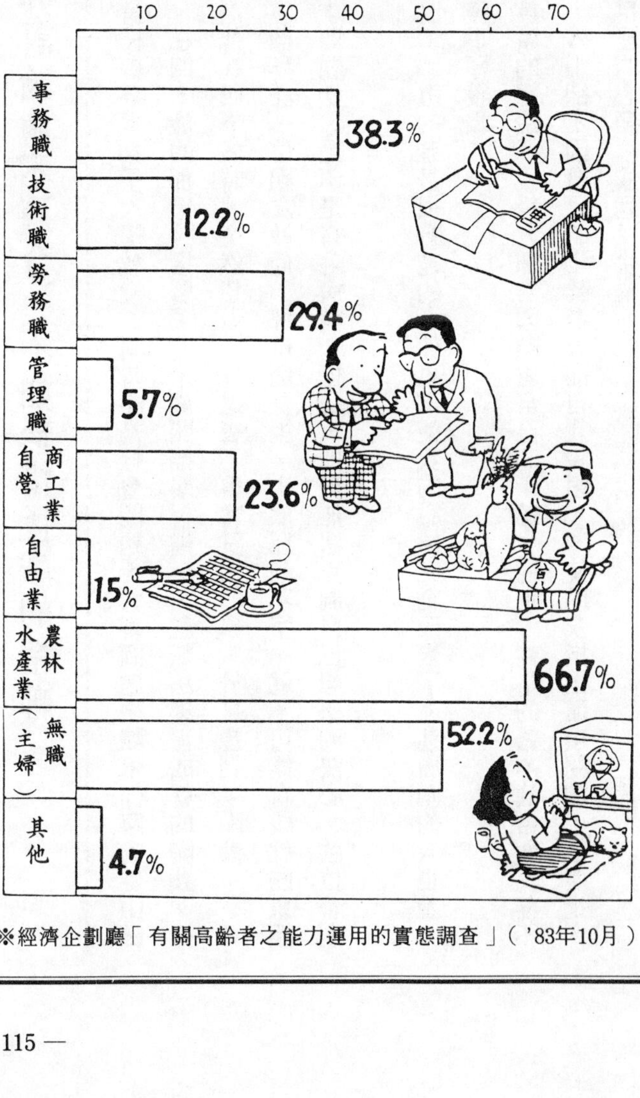

※經濟企劃廳「有關高齡者之能力運用的實態調查」（'83年10月）

●與其討論適不適合，不如珍惜挑戰的精神

長久擔任御茶水女子大學教授，同時亦為社會問題、教育問題之隨筆作家的外山滋比古先生，在四十歲的那年，接觸了非十歲開始學習轆轤，就無法獲得成就的陶藝。據說，是因為他在四十歲時，突然想做一件過去不曾嘗試過的事，於是想到了陶藝。

最初，他拜託一位朋友教他，那位朋友說，十歲以前不學，就不可能有成就的東西，你現在才要開始，是不是有毛病啊？但是，他仍無法克制自己想學的決心，強拉著朋友教他。

外山說：「這的確是很有趣的一件事，使我的心情完全改變了。連周圍的人也說，我好像年輕了好幾歲。」

雖有挑戰的想法，一般人卻常因顧慮自己的年齡、性別、性格的適不適合而畏縮不前。可是，外山卻不因自己的年齡過大而自我設限，即使朋友指出這項問題，他還是率直的遵從自己的心願，找到了快樂。

曾有一位朋友一直相信「自己是不可能站在台上，對著衆人唱歌的人」，偶爾在朋

友的強邀之下參加，終於知道了在衆人面前唱歌的快樂，也發現了自己不但不內向，而且很愛出風頭。

另外還有一位朋友，一直認為「男人下廚房拿菜刀，是很丟臉的事」，在很偶然的機會裡，剖開一條鮮度極佳的魚，親自做好生魚片，令他重新為生魚片的美味感到驚訝，而周圍的人，更對他的手藝讚不絕口，從此，他便很樂意下廚。

「不適合內向的自己」或「不適合年紀大的人」「不是男人該做的事」等等自己為自己所貼的標籤，才是真正的不適合人生的再出發與新的人生。即使以往是如此，但是，請向這樣的過去告別。

從年輕時代開始，我便克制自己，少用「我不擅長外語或教學」或「我不擅長○○」之類的用語。因為我認為這種說法是放棄改變自我的努力。把不適合的標籤貼在自己身上，可以從討厭的數學或外語的學習中獲得解放，就不需要再努力了，那當然是很輕鬆的一件事。

如果順其自然，人類很容易趨向享樂主義，但是，表面的「快樂」卻奪走了人生真實的「快樂」，那不是很諷刺的一件事嗎？既然是再出發的人生，就不需要有什麼適不適合的顧慮，不要去在乎別人，向新的事物挑戰吧。

・不斷發現想做的事，以消除閒暇時間的方法

我曾向一位年過六十，沒有自己的興趣，不知如何打發時間的人建議：「每個人都有自己成長的過程，你為什麼不寫自己的歷史呢？」這位老兄話還沒聽完，就急著問：「那寫完自己的歷史以後要做什麼？」令我十分驚訝。

的確，對於一個依照一天或一週行程表而行動的公司人來說，很難為退休後的安定生活，訂立預定計畫。我本身亦是如此，但比任職時代更為輕鬆的是，我即使不依預定行程行事，也不會產生困擾。從某個意義來說，可以隨心所欲的工作，不會有任何人責怪你。

因此，即使下一次要做的事尚未決定，也可以從最接近的部份開始做。以剛才那人的情況來說，就可以先從個人歷史的撰寫或報刊中的讀者投稿做起。

舉例來說，在撰寫個人歷史之中，你很可能開始希望了解，比祖父母更久遠以前的先祖事蹟。於是，開始向戶政單位申請戶籍謄本，以追溯自己的根源，然後，前往先祖移來之墓的菩提寺，查看佛寺裡的記錄資料。再者，寫作個人史之時，也很可能出現過

●從60歲起每2個月一次的旅行不是夢想

■高齡者之住宿觀光旅行的次數■

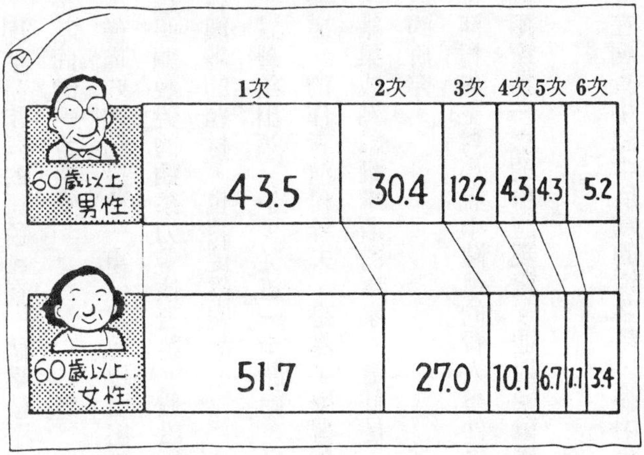

※「觀光之實態與意願」日本觀光協會

去旅行的回憶，於是，重遊舊地的慾望，便油然而生。當你重新拜訪學生時代畢業旅行的故地時，即使是相同的景色，在一個累積了人生經驗的老者，以及孩童的角度看來，必然有完全不同的一番感受。

其實，僅僅向報刊投稿一事，就可以引出許多值得忙碌的工作。假如希望文稿被採用，就必須張開敏銳的觀察力尋找資料。假設原稿真的登出來了，那麽一定會更起勁的準備，而有興趣的題材，也將更爲廣泛。

總之，試著踏出第一步，從這一步開始，必然會出現想從事的主題。「歇洛克福爾摩斯的履歷表」的作者河村幹夫，是為了學習英語而開始閱讀英國偵探小說福爾摩斯系列的原著，結果成為福爾摩斯的專家。這就是先踏出了第一步，陸續找到新的樂趣，而達到了深度的研究。

據說，河村先生對小說中陳述的殺人事件之舞台的現場深感興趣，甚至於實際前往當地，和福爾摩斯一樣的檢證現場。並以福爾摩斯依然在世，事件現場仍被保存為前提。

此外，在調查小說中所寫的鐵路時，腦中突然浮現了英國工業革命歷程之探究的課題。更進一步的對當時的社會制度，產生極大的興趣。

只要找到任何一件想做的事，不要猶豫，先動手再說。

「先動手再說」是一件遠比你所想像更重要的事，只要開始做一件事，就可以陸續找到自己想做的事。

●強制自己成為積極人類的技術

我有一位在任職時代擔任企劃人的朋友，退休後，擔任一家出版社的顧問，結果因為無事可做而顯得極度蒼老。某一天，我偶然遇見了久未重逢的他，他不僅恢復了精神，而且比過去更生龍活虎。後來才聽他說，有一天，他突然想到，既然領了薪水，為什麼不設法為公司貢獻一點心力呢？於是，開始積極的和別人會面，提出創意與企畫，積極的找事情做。

相信這世上，一定有不少深切的感受到，大腦的內容其實與年齡並沒有什麼關係。舉例來說，雖然受到許多批判，不過，政治界的大老們，大腦迴轉的快速以及行動的意欲，卻是年輕人所招架不住的。身體的老化另當別論，但是，政治家的頭腦是很清晰的，野心勃勃的希望重掌政權的人太多了。

在創業社長之中，也有不少人的精力充沛，並不亞於政治家。我認識一位創業社長，已是九十六歲的高齡，卻有不遜於年輕人的行動力。某一天，我半開玩笑的對他說：「該把社長的位子，交給年輕人囉。」

他也笑著對我說：「是該交給年輕人了。」而他所謂的年輕人，也已是八十二歲高齡白髮老者，實在令人訝異。

這些人的共通意識，是有一種強烈的使命感，認為「日本需要我」「這個公司需要我」。我稱之為「主角意識」，經常有主角意識的人，不知精神衰老是為何物，可以渡過極為活潑的人生。我一直希望能學習這種氣概，一有機會，便站在工作的最前線進行工作。

一九三五年，在一〇〇公尺競賽中刷新世界紀錄的吉岡隆德，雖已屆七十歲的高齡，卻依然繼續在跑，這就是「主角意識」所產生的結果。吉岡跑一〇〇公尺所花費的時間，六十歲時為十三秒二，七十歲時為十五秒一，連那些運動不足的年輕上班族，也要自嘆弗如。

吉岡先生在一次接受雜誌採訪時說道：「我之所以一直在跑，目的是希望其他選手認為，那位老先生可以做到，我也可以。我希望能夠繼續擔任一名先鋒。這裡「主角意識」，使吉岡先生覺得，不能讓別人認為只要年過七十，就無法再保持年輕了。

我的鄰居有一位太太，是一位極度內向的人，幾乎從來不在外面露面。可是，當孩子進入學齡期之後，卻被強迫成為PTA的幹部，最初，據先生的說法，「是痛苦得快要死了」，但是不到一年，對PTA的工作產生了興趣，以致於連人品都改變了。對於那些不具有主角意識的人來說，只要如這位太太一般，擔任自己不喜歡，而又不得不做的工作。

例如，同學會的幹部，或是參加某些聚會時，在其中擔任任何一種需要擔負責任的職務。那麼，即可在不知不覺之中，培養積極行動的習慣。只要讓自己扮演主角，就不會有不做任何事的不斷老化現象了。

●向未知挑戰的第一步，從新的資訊開始

我有一位擔任經營者的朋友，利用忙碌的行程表中的空閒時間，花三十分鐘至一小時到書店。尋找新出版的書籍，是他每天必須做的一項例行工作。只要有新出版的書，便購回瀏覽一番。

書本是所有資訊的寶庫，資訊量十分的龐大。假設自己一直維持著積極關心的態度，那麼，聽到村上春樹、吉本巴納的小說成為暢銷書，也就不會認為那是年輕人看的垃圾小說，我一點興趣也沒有，更不會覺得自己是另一個世界的人。

上班族時代，每天到公司上班，本身就是一項很大的情報刺激。只要搭通勤電車，車內所懸掛的廣告或是別人的對話，就是永遠不虞匱乏的資訊。公司內的閒談，也是最切身的資訊交換場合，除了報紙，電視等媒體之外，也會在無意識中吸取許多意外的資訊。

不容否認的，這種資訊是一種被動的，若想對未知的領域挑戰，仍有不足之處。的確，退休之後，這種被動的資訊來源將大幅減少，但自發性資訊活動的機會卻增加了。我希望能試著自己自發性的資訊收集。

以公司的重整王著名的大山梅雄先生，雖已年近八十，卻喜歡到迪斯可舞廳去，保持著令人驚羡的年輕性。每當他與同年齡的人，前往同年齡之人聚集的酒店時，總是感嘆，現在的年輕人大不相同了。他告訴他們：

「不要覺得去這種地方是很傷腦筋的事。」

即使不願意，也到那裡去看看，也許你的獲得，遠超乎自己的想像，可以作為愉快

●精神老化度之自我檢查表

■精神老化度檢查表■

①喜歡提起自己辛苦的經驗。
②一遇到緊急的工作便開始焦慮。
③很少利用午休時間請女職員喝茶。
④喜歡反駁年輕人的發言。
⑤會議時，不以多數的根據來討論。
⑥對身體的情況過於神經質。
⑦對黃色話題敬而遠之。
⑧相同的話反覆說三次以上。
⑨不喜歡色彩鮮艷的服飾。
⑩經常引用名人的話。
⑪對於婚喪喜慶等極為尊重。
⑫容易忘記最近發生的事。
⑬讓太太為自己選擇化妝品。
⑭捨不得丟掉用舊的東西。
⑮不出席學校的同學會等舊友的聚會。
⑯每週至少三天午餐吃相同的食物。
⑰對流行歌或流行話感到棘手。
⑱對別人的月薪或出人頭地不感興趣。
⑲不喜歡調動。
⑳對報紙的書籍廣告漠不關心。
㉑對於新計畫的可能性，往往從悲觀的角度進行發言。
㉒極度厭惡變更計畫。
㉓喜歡獨處而甚於集體活動。
㉔不採取脫離常軌的行動。
㉕對噪音極度神經質。
㉖對新事物的學習感到棘手。

是的數目在10個左右……………………已開始老化
是的數目在20個左右……………………老化已加速

※木崎國嘉　「精神老化度之自我分析法」

的經驗而累積下來。

年輕人所聚集的餐館、菜單內容、音樂、店員的待客態度，或許和自己常去的店，有很大的不同。

菜單上所排列的，也是未曾聽過的菜名，或許會有格格不入的感覺，但我認為，這種格格不入，正是一種最好的刺激。

就如同到了國外，如果想了解當地的文化，就要到民衆聚集的飲食店吃飯，到商店購物，兩者是相同的道理。

和不同的文化，環境接觸，把未經驗過的事物輸入腦中，這是促使慣性而僵化的腦子，重新恢復活力的強身劑。

偶爾，我也會到專賣流行物品的大樓去買條領帶。即使到外國去也是一樣，那些自己覺得過於年輕的選擇，其實往往是最適合自己的，不只是別人看了，會覺得你年輕許多，對保持自己「心」的年輕，也有很大的助益。

•擊退使資訊管道阻塞之「惰性精神」

暫時不去習慣的店

有一位經驗者告訴我，曾有一位第一次來他的酒吧消費的客人，因為被要求支付的金額超出意料之外，結果憤怒的大叫：「這是收費不當」，他的魄力，使他不得不同意減價。結果，食髓知味的他，又到另外一家去如法炮製，但是，這一次的對手，卻說什麼也不同意讓步。

在爭執之中，出現了一位比他更具魄力，而且長相凶惡的大哥。他心想「糟了」，於是為了顧及生命的安全，不得不退讓。這位仁兄的「武勇傳」，固然令人不敢領教，但是，到陌生商店消費的積極性，卻很值得我們學習。

要放棄常去的店，進入一家陌生的店，的確需要一些勇氣。因為不了解店的結構，更不了解它的消費客層或是氣氛。而且，還要背負著不知道需要多少費用的不安。尤其只有一個人的時候更是如此。於是，走進的店門，不是自己認為很適合自己的那一家，而是自己已熟悉的那一家。雖然這只是微不足的一件事，但是，我認為，卻包含著積極渡過第二人生的契機。

不需要把向新事物挑戰視為不得了的事，其實，在我們身邊隨時都有可以嘗試挑戰的狀況出現。只要勇敢的打開新店的門，就可以提高你對這家店的好奇心與積極性，也許可以使你獲得一個無盡的寶庫。

在常去的店裡，情緒比較輕鬆，客層也固定，但是，話題的惰性化，導致與新情報刺激之絕緣，也是理所當然。而且在不知不覺中，對情報的鈍感，會使你很難接受新的、未知的資訊。

例如，服務業之變化激烈，使人在稍不留神之中，新產品已陸續登場。雖然這種商品目前和自己的工作，並沒有直接的關係，不需要進行大規模的市場調查，但是，接觸各種資訊所獲得的利益是無窮盡的。即使到一家新的店這種輕而易舉的事，也存著可使心靈與肉體保持年輕，使第二人生更為充實的誘因。

逃離惰性生活之午休活用法

在自己的人生之中，假定二十二歲開始就職，一直到六十歲的退休為止。那麼，你將在工作之中，午餐幾次呢？我大略的計算，約是一萬一千次左右。事實上，我們大部份的午餐，都在工作之中渡過。午休的時間大約是一小時，也就是說，大約有一萬一千個小時的時間。那麼，我們又是如何渡過這段時間的呢？

上班族的午餐，多半是在員工餐廳或附近的小餐館，咖啡屋解決的。內容則不外乎「A餐」或「B餐加咖啡」等，每到午休時刻，大家便彼此互邀「走，吃午餐去」。而且，人員也都是同一個部門中彼此鄰座的成員。

為什麼要提這些呢？因為我認為即使是吃午餐，也富含著思考的時間，若是每天和同樣的成員，進同樣的餐館，吃同樣的菜單，不是太可惜了嗎？

至於那些所謂「每天不同的菜色」，乍看之下，每天均有不同的變化，令人覺得似乎十分新鮮。但是，當事者所吃的，同樣是別人安排好的菜單，不需要做任何思考，也不需要動腦筋。甚至連一同進餐的成員也沒有任何變化，而談論的話題，則永遠脫離不了工作、上司的壞話，高爾夫，或者是職棒。

結果，也不過是把工作的地點，搬進吃飯的地方而已。說起來很可悲，卻是日本一般上班族的實態。如果，你的午餐生活正是如此，那就應該要保持警戒了。在其他場合之中也是一樣，如果特意的狹窄自己的交際範圍，就會使你關注的對象產生偏頗。

偶爾嘗嘗從來不曾嘗過的義大利菜，或者，改邀上司或女同事，而不要和經常一起的同事吃午餐，只要改變一點點的行動模式，就可以接觸到和過去不同的新鮮話題、思考方式以及感覺。或者，在有限的時間框架內，好奇的漫步在店後的小巷道裡，竟然也有新的發現。

只要稍微留意，在午休的一小時裡，就能夠使你逃離惰性，創造積極的生活方式。

•購買最新的產品

前年，米諾達所開發的全自動對焦單眼相機「α—7000」大受歡迎，是一個令人記憶猶新的消息。據說，對這種高科技的α—7000有興趣，最早開始購買的，是五十歲到六十歲的年齡層。通常，會喜歡這種高科技製品的，都是喜歡機械的年輕人，而α—7000卻出人意料的受中老年攝影迷的喜愛。

理由很簡單，中老年的攝影迷，視力已逐漸衰退，精密的對焦工作已令他們不勝負荷。可是α—7000，卻自動的做好精密度高的對焦工作，使他們不再需要不斷的移動眼鏡，以進行對焦的工作。

年紀大的人，往往對新產品敬而遠之，尤其是高科技製品，更是如此。但是，事實上，在使用習慣之後，往往才發現高科技產品非常的方便。況且，使用新產品的時候需要做一些頭腦體操，所以反而更適合年紀大的人。

在孩子們之間風行的電視遊樂器，要求的是手指快速的動作，也可視為給予大腦刺激的一項工具。此外，個人電腦、文字處理機的鍵盤，也是一種指尖運動，而它的假名、漢字轉換系統，也是補強衰微記憶力的一大武器。

不論有再多的正面功用，許多中老年人依然不願意放棄長年使用的熟悉工具。而且用「萬一弄壞怎麽辦」或「這麽老還玩這個，真丟臉」等等的理由來逃避新製品。

人類的記憶力，固然會因為年紀而逐步衰退，但不表示從此無法接受新的東西。只不過接受的速度，或許會稍微慢一點罷了。

給孩子一部電視遊樂器，他可以很快的接受，並加以消化吸收。相較之下，中老年人要習慣電視遊樂器，或許必須更多的時間，但並不表示，中老年人缺乏享受電視遊樂器的能力。

比年輕人需要數倍的時間才能熟悉新產品，的確不是一件愉快的事。可是，現實就必須以現實來接受，多花一點時間，即使花上四、五個月也要熟悉使用的方法，那麽，比起從不著手進行，必能對往後的人生有更前瞻性的影響。

●留意使心失去緊張感的公式化

從一九六六年開始，即擔任電視節目「週日西洋電影劇場」解說工作的影評家淀川長治先生，以「嗨！又跟大家見面了」而熟知於世。節目的解說，在電影的開始前及結束後，合計共二分半鐘。

他獨特的內容及輕妙的談吐堪稱一絕，不令欣賞者感到無聊。

為了這個節目，淀川先生從看完試映片到拍攝解說的一週期間，拼命想著如何解說。枕邊也一定放著筆記本，以備夜裡醒來的時候，可以立刻記錄突發的靈感。

在錄影的時候，為了讓觀衆看見充滿朝氣的他，他會滿場胡鬧以提高氣氛。然後在最後，喝下一大杯的水。

據說，這是「最後一杯水」，他永遠都以「今天的錄影，是最後一次錄影」的心情來拍攝。我曾有兩次和淀川先生對談的經驗，他的敬業精神，令我銘感肺腑。

「週日西洋電影劇場」的放映，已超過一一五〇次了。這種長壽節目的解說通常容易形成惰性化，使觀衆厭煩。但它卻維持著一五～二〇%的高收視率，電影的內容固然好，但淀川先生不斷思索新鮮用語，充分發揮了服務熱忱，也是極重要的因素之一。

淀川先生永遠年輕的笑臉，使觀衆不論見過多少次，也一樣保持新鮮的印象，這也是這個節目很重要的一個支撐角色。每次錄影時，「今天的解說是最後一次」的緊張感，是他保持年輕，不使節目惰性化的重要因素。

促使人類老化的最大主因，是「思考力的降低」。而導致思考力降低的原因之一，則是過於規律化的生活。規律的生活似乎很好，換個角度來看，也只不過是一種惰性的生活罷了。

人類的頭腦，只有在現實上遭遇格格不入或是疑惑之時，才會產生作用，但惰性化的生活不會出現變化。諸如上班族等慣於過著呆板生活的人，可要注意了。

尤其是中年上班族，更要特別注意。隨著年齡的增加，容易對工作以外的事感到厭煩，總是每天在固定的時間走相同的路線去上班。結果不但缺乏緊張感，甚至連自己所過的是一種惰性的生活都無法察覺。

偶爾起個大早，慢跑到公司去，下班之後，去聽聽音樂會，看看電影，使生活在有意圖之中產生變化。

那麽，就可以在惰性的生活中，添加小小的變化，以形成新鮮的刺激，這將對於促進大腦的活性化，使自己不斷保持年輕，有著極大的效用。

第五章　四個自立、四個自覺

●你是否可以「告別妻子」、「告別兒女」呢

演講是我的身心健康法

自從大學退休之後，我反而比過去更忙碌於演講。委託者通常是企業或教育團體，演講的內容，則上至專業的心理學，下至現今最熱門的老人問題，幾乎無所不包。每個月之中，大約有十天的時間，我必須因演講而飛往日本各地，比任職時代的生活更為忙碌。

對我身邊的人來說，我都這把年紀了，實在沒有再當空中飛人的必要，應該好好休養身體才是。可是對我來說，忙碌是快樂的一件事，我也不以為苦，反而覺得忙才是維持健康最好的方法。

演講其實是一種重勞動。在一小時半至兩小時的時間之內，必須連續不斷的奮鬥，揮汗如雨的掌握著聽眾的情緒。

結束之後，還必須檢討這場演講的成功或是失敗之因。

●高齡化急遽進行的日本

■主要國家65歲以上人口比例從7％到達14％所需年數■

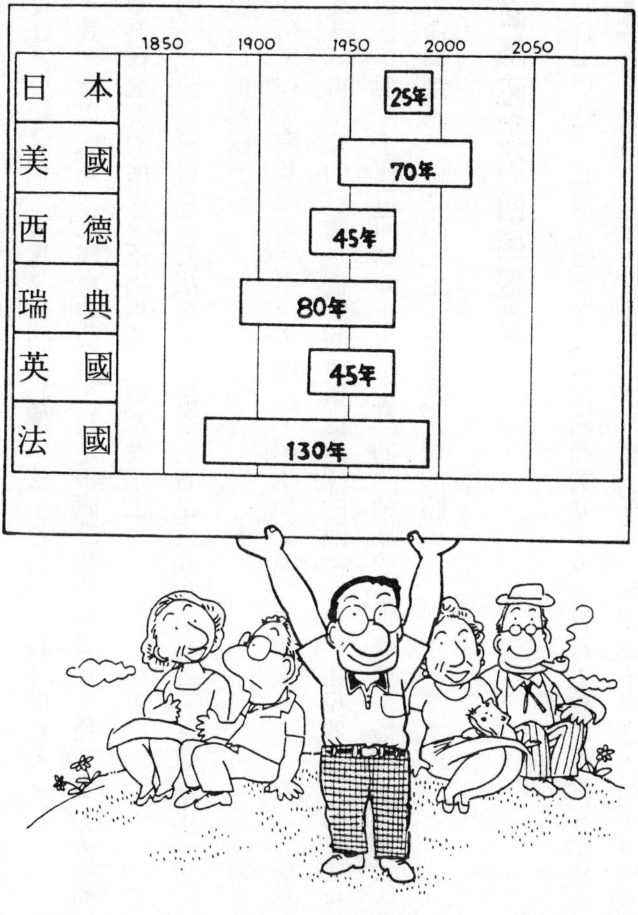

※厚生省人口問題研究所「人口統計資料集」

演講後，我可以充分的享受解放感。愉快的情緒，使我完全忘記肩膀的酸痛，也使我的健康更好。換句話說，演講是我的身心健康法，也就是一種休閒活動。

我想，我之所以能夠一直快樂的演講，乃是根源於我的演講是一種主體、積極的。只要是我認為有意義的演講，不論再遠，我都會飛去。

同樣的，我認為沒有意義的演講，不論委託者是誰我也不會去。從意義上來說，這是為我自己所做的演講。

不論任何工作，與其認為「不得不做」，倒不如認為「喜歡去做」，如此方能感到工作的快樂。不得不做的意識是被動的，無從選擇的消極心態。相反的，「喜歡去做」的意識，則是想要停止便可即刻停止，是主動的，積極的心理狀態。能有主動精神，我認為，是否能夠渡過「自立的人生」有極為密切的關係。

退休後必須確定的四個獨立

今後的日本男性，必須在退休之後尋找四種獨立，或許會有人說，都到這把年紀了，難道說還不能自立嗎?但是，日本的社會結構，正是一種即使不自立，也不會感到任何不自由的生活型態。

這四種自立，就是以公司為代表的從組織的自立、從妻子的自立、從兒女的自立，以及最後的從社會的自立。我認為，到六十歲，就應該有這種自覺。假如沒有這種自覺，要想真正的獨立，是極為困難的。

學生時代中，只要遵守學校或老師的規定，即使自己不主動行動，也能過著平安的日子。進入公司之後也是一樣。多數人所過的，是遵奉上司的命令，為公司工作，渡過「公司人」的人生。

離開公司之後，沒有任何人下達命令，終於可以隨心所欲的生活了，但是，從小生活在組織、公司之中的男性，面對著二十四小時的自由生活，反而感到無所適從。過去一直過著這種生活的公司人，在退職之後立即能夠自立，似乎是太勉強了一點。

在公司裡工作，要不想成為「公司人」，而成為自立的人，最重要的，是必須具有「自己選擇工作」的意識。這種想法比「不得不然」的想法更能愉快的勝任工作，更能有不依賴組織，渡過自己選擇之人生的自覺。

我從一些萬年上班族的朋友那裡聽到，在公司裡，擁有中小企業診斷師、不動產鑑定師之類資格的人，生活看起來似乎能更有餘裕。或許，這是，只要有心便能自己選擇工作的情緒，使其成為非公司人，帶來了成為自立之人的餘裕。

‧不快樂就不是工作

把工作視為一種遊戲

從一九八〇年起的三年期間，日本第一位女性大使高橋展子，便要前往丹麥赴任。她目前更以「女性職業財團」、「橫濱女性展望會」而活躍，可以說是職業婦女的先鋒。

高橋女士最初也是一名專職主婦，終戰之後，才以翻譯的工作服務於盟軍總部，擔任美軍將校的助理，為日本的民主化貢獻了不少心力。剛開始，是因為丈夫戰死的死訊傳來，而不得不開始工作。

其後，又進入勞動省，在日內瓦之ＩＬＯ（國際勞工組織）擔任秘書長助理，不久任命為丹麥大使，擁有極為非凡的經歷。

在那個時代裡，女性並不如今天活躍，因此，她遇過許多困難的狀況。就在這個時候，高橋女士不知從何處習得了一種智慧。

那就是遇到困難，就把它視為一種「競賽」，然後加以處理。既是競賽，就一定有勝敗，而且越是困難越是有趣，越可以向困難挑戰。

歌手淡谷莉子女士，也擁有一副你絕不相信她是出生於明治時代的人的歌喉，一直到今天，在電視及舞台上，也依然可以欣賞到。除此之外，她也是討論人生的諮詢者以及電視節目「千變萬化」的審查員，而她對年輕人陳述嚴厲之批判意見時的身影，也時常可見。

可是，根據淡谷的經紀人的說法，她是一個和她不好相處的外表完全不同的人，私底下的她，性格開朗，而且從不抱怨自己的工作。

她的刻薄話，不是因為討厭時下的年輕人而想凌辱他們，是為向他們提出忠告。從旁觀的角度來看，她的意見的確過分嚴厲了，但是，說這些話的淡谷女士，卻完全沒有刻薄的本意。

假如是因為不喜歡而想加以凌辱，那麼，這件工作本身就成了即使討厭，卻不得不然的工作。可是，若為了給年輕人提出忠告，那麼，就有使年輕人更好的積極意義存在於工作之中。

關於這一點，高橋女士也是一樣。以有趣來面對工作，那麼，便可以用積極的態度處理「乍看之下毫無意義的工作」。或許這些乍看之下毫無意義的工作，存在著令你極感興趣的部份也說不定。因為本人想法的不同，同樣的事，便可以從「困難的事」搖身一變成為「有趣的事」！

使討厭變成快樂的「對比效應」

即使如此，還是會有一些令人無論如何無法感到愉快的事。不過，這個世界上有一種技巧，可以令討厭的事轉變為喜歡的事，那就是心理學之中的「對比效應」。

首先要積極承認令你不安的所在。例如，厭惡公司的最大理由，假定是與上司的經理不合。這時，就要積極的承認，「的確，我就是和他個性不合」。此時，「對比效應」，亦即「替代」理論便會產生作用。

「相對的，那些女同事多可愛，同事的相處又是多麼融洽」。這種想法，很容易就可以進展成「有可愛的女孩子和同事支持我，也算不錯」的想法。可以這麼想，就能夠在討厭之中找到快樂的事。只要經常有這種想法，不限於工作，任何事中都可以找到快樂，並以積極的態度面對他。

●能自己使用自由時間的必要性

我很喜歡到海外旅行，也經常去海外旅行，但從不利用旅行社辦的旅行團。旅行社所企劃的團體旅行，幾乎都是到我不感興趣的地點去參觀。不過，從飛機等交通工具至旅館的安排預約，如果完全自己準備就要花很多的力氣，而費用也比團體要貴很多，這是個人旅行的不便之處。

於是，我便事先計畫希望前往的地點，再召集三十名左右的同伴，讓旅行社依行程表為我們安排團體旅行。那麼，便可兼顧個人旅行中可以不去不喜歡的地點，以及團體旅行中由旅行社安排食宿、交通的優點。

現在，占去海外旅行之大半的團體旅行，是由旅行社安排行程，再由團員依行程而行動。因此，不需由自己設立安排計畫，極受中老年人之喜愛。

從這裡，也可以看出日本人不希望獨立而希望依團體來行動的性格。如果中途有自由活動的時間，這些人便不知如何安排，只在旅館中浪費一天的時間，必須依決定好之行程而行動的人，突然獲得了自由，也會不知如何去享受它，反在胡思亂想之中結束一日。

上班族的每一週，不正和團體旅行一樣嗎？從星期一到星期五，公司都安排好了行程。不管個人的意願如何，都是非做不可的職務。

到了假日，就是任由本人使用的自由時間。對於一個忙碌的上班族而言，職務的束縛，使他們如同駕車的馬，除非有人鞭擊他的屁股，否則就不會行動，如果沒有職務，就不知道自己該做什麼。

一到放假，就躺在床上賴到中午，起床後才開始想「今天該做什麼呢？」一直到吃晚飯的時間為止，結果，什麼也沒做，便結束了一天。不就正如團體旅行中的自由時間一樣嗎？

要能有效使用假日，事先必須安排行程。例如，這次的週末，「要去書店買○○○的暢銷書」或「要逛三家釣具行」。

只要決定好一件事即可，再詳細些也無妨，儘可能做成具體的行程。從現在開始策畫自己的行程，當有二十四小時的自由時間足以運用時，就不會不知所措了。

●60歲開始是為自己花錢的時代

■60歲以後零用金的使用方法■

※根據居住於東京市之1298位60～90歲老人之調查結果
日本慈善協會（88年9月）

•以「遊戲」來享受家事

你可以為太太選擇衣服嗎

和我一樣出生於戰前的人，從小受的就是「君子遠庖廚」的教育。所以，到現今為止，料理依然是令我頭痛的工作。可是，為了今後能獨立的活著，我突然強烈的覺得至少下廚料理等一般家事，必要能夠自己處理。

以擔任哈佛大學講師之經驗，作為美國社會之介紹者而活躍一時的板坂先生，據說他上街的時候，會為妻子或孩子買衣服及飾品。

他非常了解妻子與孩子的喜好模式，因此走在路上時，總是會想到「啊！這套衣服很適合太太」。

擁有這種家庭觀念的人，在日本男性之中，是極為稀有的。和板坂先生同為大正時代的人自不待言，即使是在四十五歲、五十歲的人之中，也同樣的不多見。

大部份的上班族，家事完全委諸妻子，別說是太太的衣服，連自己的內褲也不會買

●你能從兒女身邊獨立嗎

■年老後與家人的交往■

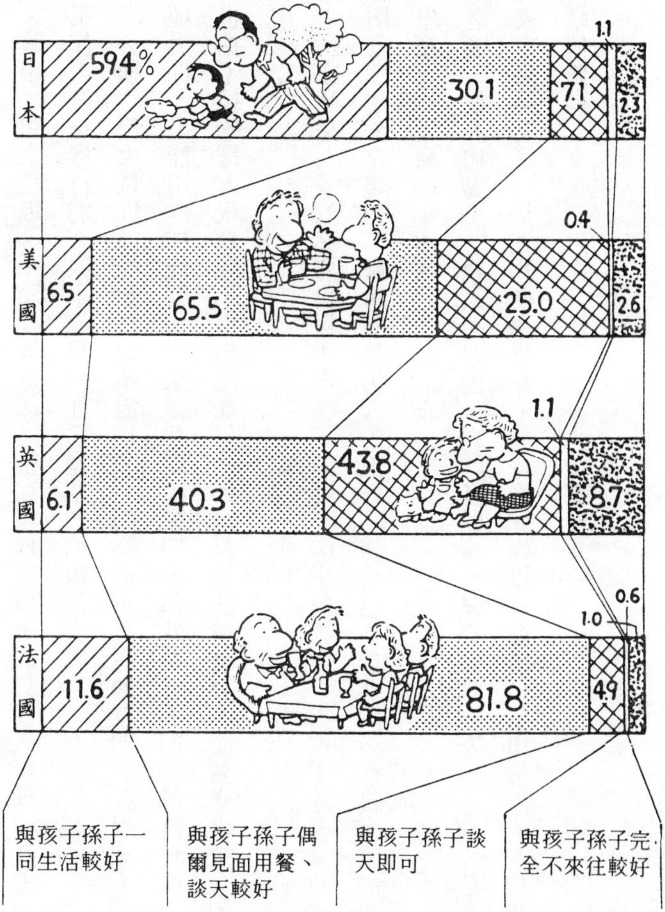

※引自內閣總理大臣官屬老人政策室「老人之生活與意識之國際比較」

的丈夫，實在太多了。

以前，常用「粗大垃圾」一詞嘲弄退休之後在家無所事事的男性。料理、洗衣、購物等家庭工作，沒一樣行的，只不過是一件塡塞空間的無用之物。

最近，這種「粗大垃圾」的說法也不流行了，因為他不止塡塞空間，還對家人造成困擾，這種男性，只能用「核能廢料」來稱呼比較妥切。另外還有一句「濕落葉」，意指用力拍也拍不掉的纏人玩意兒，但無論如何，都是對無法脫離妻子而獨立之丈夫的一種強烈批判。

在過去，家政是女子的必修科目，現在不同了，中小學之中，男孩子學習家政，也被視為理所當然了。在現代，家事不是男人的工作的想法已不再適用，作為家庭成員的一份子，怎麼可以不會做家事。

退休之後，整天和妻子、家人面對面，有許多的事，是必須你和家人一同完成的。所以，把家事丟給妻子一個人的做法當然不被認同。如果再繼續無所事事下去，保證你會成為「核能廢料」。

把料理視為遊戲

如把家事視為每天必須要做的事，那的確是很痛若。可是，在過去，所有的家事全都委諸妻子，自己根本沒有做的義務。既是如此，何不將烹調、掃除、洗濯等視為遊戲，藉以享樂呢？

尤其烹調，更是可以充分帶來樂趣的一種家事。在財界人士之中，也有不少烹調高手，kulalio的社長小山田豐先生、衛材藥品會長內藤祐次先生等，皆為擅長「男士烹調」的高手。另，對服部精工的常務吉崎和雄而言，烹調是他的興趣之一，每年的正月烹調，他都在家裡自己準備宴飲的材料，而且不讓太太靠近廚房一步，全都自己一手包辦。而且，據說還可以統括中、日、西各式菜餚，其中最拿手的，則是法國菜和義大利菜。

烹調之時，從材料的搭配，火候的控制以至於調味，都必須動員所有的五官與智慧。所以，需要綜合的判斷力以及思考力。同為「遊戲」，卻是一門深奧而又「其味無窮」的遊戲。過去是因為不曾煮過菜，而且再加上「君子遠庖廚」的教育，才使得一般男士無緣享受此種樂趣，豈不太可惜了嗎？

•自己的人生自己掌握，兒女們也有自己的人生

很久以前，作家宇野千代，在一次的週刊座談會中，對於「你對現在的年輕女性有什麼期望？」的質問，留下了令人印象深刻的回答。她說：「我對現在的年輕人那有什麼期望啊！自己的事都忙不完了，那兒來的力氣去管年輕人的事。」

現在，有太多的老人倚老賣老，總是想著：「最好三代同堂，有孩子可以照顧我」或是「我把全部的財產留給孩子，可是孩子要照顧我老後的生活」。所以，宇野的發言，真是快人快語。

在歐洲，父母們所過的，是實際而且灑脫的生活方式。在挪威，便有不少父母以相應的價值，出售自己的房屋給子女。

其交易條件，不外乎是「在父母有生之年，每月支付多少現金的生活費」或是「一次支付幾千萬的現金」等等。是一種純然的契約關係。

假設有人開出的條件，比自己的孩子更有利，就把房子賣給這個人，對日本人而言，這實在是很不可思議的一件事。

在法國，報紙的廣告欄內，往往可以見到如下的廣告：「請照顧我至我亡故為止，我願贈予你我所有的遺產。」而實際去應徵的人也很多。這就是一種極為灑脫的生活方式。若是有血緣關係的人，很可能會因此而互相撒嬌，換作陌生人，就可以保持單純的契約關係。

依據契約，站在應徵者的立場，對方自然越早死越好。所以，曾有故事說，有人看了報上的廣告來應徵，看見對方拄著拐杖，老態龍鍾的模樣，便心想：

「太好了，我看過不了多久就翹了。」

高興的簽下契約。結果，應徵者剛簽完契約離去，原本弓著背的老人，立即伸直腰，吹著口哨，輕快的騎腳踏車出去玩。

會產生這一類的笑話，乃是肇因於希望契約能對自己更有利，自己老後的生活能獲得照顧的自我本位的想法所引起。

在美國，有很多老人利用年金，搬進老人專用的廉價附餐飲的小旅館，偶爾再和前來探望的家人聊聊天、聚一聚。他們才沒有買房子送給子女，然後希望他們照顧自己，對親情眷戀的想法。換句話說，即使自己的孩子，也一樣是別人，自己的人生就應該自己負責。

不論在美國或是歐洲，他們不是以適當的價格把財產讓渡給子女，就是把財產讓給願意照顧自己的人。過去的日本，老年人自然可以在大家庭之中獲取一席之地。可是，現代日本的小家庭中，已看不見這種相互扶持的場面了。要是你覺得，這和傳統日本的家庭制度相較，實在太冷漠了，也是無可奈何的事。

倒不如改想，年輕人既然可以自己愛怎樣就怎樣，那我也可以為所欲為。爲什麼不認為，不必再在乎子女，反而可以過自己喜歡的生活，可以比過去更自由更積極快樂，現在的時代是一個可以輕鬆自己、選擇人生的時代。

實際上，我個人認為，歐美的老人之所以可以過著比日本老人更快樂的日子，和他們能夠離開子女獨立，有著很大的關係。

•不要成為「不平不滿的老人」

我曾在某報上，看見一種特別的投書欄。是由四十、五十歲的著名人士，說出他們對年輕人的希望與要求，然後，由年輕人寄來反駁的意見，再將雙方同時刊載。

體操選手小野清子，曾在專欄中以「年輕人站起來吧！」對年輕人提出勸告。有一次，小野參加一項與運動有關的集會，年輕的男女選手們，一大早就來搶位子。結果，一些晚來的老人，幾乎都找不到位子。

她說這句話的意思是說：「站起來對前輩才是一種禮貌」。

對於這樣的意見，很快就有許多年輕人寄來反駁的意見。其要點大致如下：

①以為年紀大就要有位子坐是沒有道理的。每個人都有同等的坐位子的權利，這樣才公平。

②「對前輩要有禮貌」這句話令人質疑，究竟這位前輩值不值得尊重，主張應以個別的識別加以判斷。

換句話說，別以為只要我年紀大，年輕人就該讓位。更不要以為前輩有位子坐是理所當然的。想要有位子坐，就要加油早點來排隊。

不論你願不願意承認，年輕人的這種想法，已經成為主流。社會的觀念，也必然隨著構成這個社會的成員而有所轉變。現在這些四、五十歲的人，等他們到了六十歲，那些提出反駁的年輕人，已經成了社會的中堅份子。假設你希望他們的想法能再度改變，重新擁有「敬老意識」是絕對不可能的。

那該怎麼辦呢？首先，坦率的承認世界變了，不要再埋怨「現在的年輕人真是……

「或者「換了我們以前……」。看開一點，坦率的認同年輕人。如果辦不到，那你只好整天自己對自己生氣了。

我認為，除了看待年輕人的意識之外，對於包圍自己身邊的環境也該如此。甚至和別人交往也是一樣，若是你認為，「過去我對他那麼好，現在他應該怎麼怎樣」，那你大概都會被背叛。

我認為，未來的人際關係，必然朝著我不干涉別人，別人也不干涉我的現實主義方向前進。

所以，在這個社會裡，不要有過去守望相助、等待別人幫你的想法，一定要有「只有自己最可靠」的「自覺」。

因此，能夠在這個社會上獨立，才是最重要的。

假如你惦戀著過去傳統的思考方法與常識，整日嘮叨不停，成為「不平不滿的老人」，也不會有任何作用。

人類是不可能回到過去的。只好儘量設法在當下的時間之內，努力的生活。擁有這種開放的思惟，對於自己新生活的開始，是有極大助益的。

●從日常生中將「應該」放逐

從公司退休之後，又另找一份工作，和過去一樣在上班的人，其實也不在少數。他們未必就是因為特別喜歡工作才工作，可是孩子還小，要替他籌學費，而且自己的精神很好，不工作而遊手好閒，是很說不過去的。所以才想繼續工作下去。

在我們四周，正有一大群的人喜歡說：「關於那件事應該如何如何」，諸如此類的說法。於是乎，又有人用「自慰」來形容這些喜歡在生活裡加上應該的人。也就是說，從另一觀點，這件事根本不需要做，可是現在，卻用應該做來自我滿足，所以稱之為「自慰」。

精神科醫生卡倫・荷尼也曾在其「精神官能與人類之成長」一書中提出這個問題。他說：「『應該』會加重一個人實行之時的內心負荷，更有甚者，會在周圍扮演引起衝突的角色。」

你是否曾經感受過自己的生活一直被「應該」所支配著。要和同事、伙伴好好相處，要體貼妻子、要給孩子一個依靠，要一生努力工作。

在上班族的日常生活之中，這一類被認為是「應該」的行動，往往成為人內心最沈重的負荷。

相反的，也有人在無意識之中已經感覺到「應該」只是一種義務，不同於自己的決斷，因此不需要為它負責。

自己缺乏自信，於是用「應該」的主張蒙蔽自己。如此反覆下去，自我的存在將逐漸淡化。於是，永遠不能超越缺乏主體性的生活方式。何況，若為「應該」所支配，那麼為了完成每日單調的生活，便會令你忙得不可開交，那有時間與餘裕作新的思考新的行動呢？要確定自己是否有「應該」的想法，首先要查核自己的每日行動，一一檢討其是否真為必要。

那你必然可以發現許多過去判斷為「應該」的行動，現在已經不再必要了。例如，過去認為工作結束後，和公司的同事、上司、下屬應酬，具有某種程度的必要性。而最近的傾向，卻反而對於不工作的私人時間，儘量不干涉而給予尊重。

若能停止「應該」的想法，做到具有主體性的思考方式，那麼思考與行動必然更具彈性，可以有更多時間去做自己想做的事。

‧以自我為中心的思考方式是積極生活的捷徑

當上班族聚集在一起，談論昨天的棒球比賽時，總是會有人說：「如果我是教練，我才不會那樣配球」。接著，用豐富的想像力說明，他要何種方法去應付危機。換句話說，他在觀看職棒之時，並不是站在觀衆的立場，而是把自己當成是教練。

並非只有觀看諸如棒球之類的比賽，才能有這樣的情況。日常生活中，也有人以相同的思考方式而生活著。這些人，也是大腦不易僵化的人。因為，要在大腦之中，以思考的方式使自己轉變成自己之外的某人，就必須要有更具彈性的思考。

這一點，和心理學中的角色扮演可以有相同的心理效果。所謂的角色扮演，指的是一種心理劇式的集體療法，在日常之中，也常被使用為推銷員或百貨公司之店員訓練手段。設定好各種銷售狀況，由推銷員或店員分別扮演顧客或是賣方。讓他們藉機思考：「如果是我，我要如何處理這個狀況？」並實際的加以經驗。

這種角色扮演，就如同是銷售員在進行模擬訓練一樣，即使沒有對手，也可以自己進行。例如，看電視劇、電影的時候，不要只是單純的看，要把自己當成主角，在腦中想：「如果是我，我該何處理。」或者，看見報紙的犯罪消息，也可以假裝自己是犯人，要如何去犯罪，或者相反的站在警察的立場，思考如何追捕兇犯，或扮演一個記者，如何去報導這個消息，可以把自己置於各種立場來思考。

大腦之中的角色扮演，由於不受日常的束縛，可以自己積極的思考：「如果是自己，應該怎麼處理」。每天不斷重複以自我為中心的訓練，可以使思考更有彈性，亦可培養直覺力以及積極力。

換言之，此種方式，可稱之為日常生活的模擬訓練。在飛機的操縱或汽車的駕駛訓練初期，也就是實際訓練之前，要先進行使用模擬裝置之模擬訓練。在進行過模擬訓練之後，再接觸實際訓練，可以減低心理的抗拒。

若能做好模擬訓練，可以提高實際站在現場的意欲。

而平時消極的人，也可藉模擬訓練及角色扮演，改成積極的思考方式，而遇到實際情況時，也可以積極的思考來對應。

大展出版社有限公司	圖書目錄
地址：台北市北投區11204 致遠一路二段12巷1號 郵撥： 0166955～1	電話：(02) 8236031 8236033 傳眞：(02) 8272069

・法律專欄連載・電腦編號 58

台大法學院 法律學系／策劃
法律服務社／編著

①別讓您的權利睡著了[1] 200元
②別讓您的權利睡著了[2] 200元

・秘傳占卜系列・電腦編號 14

①手相術	淺野八郎著	150元
②人相術	淺野八郎著	150元
③西洋占星術	淺野八郎著	150元
④中國神奇占卜	淺野八郎著	150元
⑤夢判斷	淺野八郎著	150元
⑥前世、來世占卜	淺野八郎著	150元
⑦法國式血型學	淺野八郎著	150元
⑧靈感、符咒學	淺野八郎著	150元
⑨紙牌占卜學	淺野八郎著	150元
⑩ＥＳＰ超能力占卜	淺野八郎著	150元
⑪猶太數的秘術	淺野八郎著	150元
⑫新心理測驗	淺野八郎著	160元

・趣味心理講座・電腦編號 15

①性格測驗１	探索男與女	淺野八郎著	140元
②性格測驗２	透視人心奧秘	淺野八郎著	140元
③性格測驗３	發現陌生的自己	淺野八郎著	140元
④性格測驗４	發現你的真面目	淺野八郎著	140元
⑤性格測驗５	讓你們吃驚	淺野八郎著	140元
⑥性格測驗６	洞穿心理盲點	淺野八郎著	140元
⑦性格測驗７	探索對方心理	淺野八郎著	140元
⑧性格測驗８	由吃認識自己	淺野八郎著	140元
⑨性格測驗９	戀愛知多少	淺野八郎著	140元

⑩性格測驗10	由裝扮瞭解人心	淺野八郎著	140元
⑪性格測驗11	敲開內心玄機	淺野八郎著	140元
⑫性格測驗12	透視你的未來	淺野八郎著	140元
⑬血型與你的一生		淺野八郎著	140元
⑭趣味推理遊戲		淺野八郎著	160元
⑮行爲語言解析		淺野八郎著	160元

・婦 幼 天 地・電腦編號 16

①八萬人減肥成果	黃靜香譯	180元
②三分鐘減肥體操	楊鴻儒譯	150元
③窈窕淑女美髮秘訣	柯素娥譯	130元
④使妳更迷人	成　玉譯	130元
⑤女性的更年期	官舒妍編譯	160元
⑥胎內育兒法	李玉瓊編譯	150元
⑦早產兒袋鼠式護理	唐岱蘭譯	200元
⑧初次懷孕與生產	婦幼天地編譯組	180元
⑨初次育兒12個月	婦幼天地編譯組	180元
⑩斷乳食與幼兒食	婦幼天地編譯組	180元
⑪培養幼兒能力與性向	婦幼天地編譯組	180元
⑫培養幼兒創造力的玩具與遊戲	婦幼天地編譯組	180元
⑬幼兒的症狀與疾病	婦幼天地編譯組	180元
⑭腿部苗條健美法	婦幼天地編譯組	150元
⑮女性腰痛別忽視	婦幼天地編譯組	150元
⑯舒展身心體操術	李玉瓊編譯	130元
⑰三分鐘臉部體操	趙薇妮著	160元
⑱生動的笑容表情術	趙薇妮著	160元
⑲心曠神怡減肥法	川津祐介著	130元
⑳內衣使妳更美麗	陳玄茹譯	130元
㉑瑜伽美姿美容	黃靜香編著	150元
㉒高雅女性裝扮學	陳珮玲譯	180元
㉓蠶糞肌膚美顏法	坂梨秀子著	160元
㉔認識妳的身體	李玉瓊譯	160元
㉕產後恢復苗條體態	居理安・芙萊喬著	200元
㉖正確護髮美容法	山崎伊久江著	180元
㉗安琪拉美姿養生學	安琪拉蘭斯博瑞著	180元
㉘女體性醫學剖析	增田豐著	220元
㉙懷孕與生產剖析	岡部綾子著	180元
㉚斷奶後的健康育兒	東城百合子著	220元

・青 春 天 地・電腦編號 17

①A血型與星座	柯素娥編譯	120元
②B血型與星座	柯素娥編譯	120元
③O血型與星座	柯素娥編譯	120元
④AB血型與星座	柯素娥編譯	120元
⑤青春期性教室	呂貴嵐編譯	130元
⑥事半功倍讀書法	王毅希編譯	150元
⑦難解數學破題	宋釗宜編譯	130元
⑧速算解題技巧	宋釗宜編譯	130元
⑨小論文寫作秘訣	林顯茂編譯	120元
⑪中學生野外遊戲	熊谷康編著	120元
⑫恐怖極短篇	柯素娥編譯	130元
⑬恐怖夜話	小毛驢編譯	130元
⑭恐怖幽默短篇	小毛驢編譯	120元
⑮黑色幽默短篇	小毛驢編譯	120元
⑯靈異怪談	小毛驢編譯	130元
⑰錯覺遊戲	小毛驢編譯	130元
⑱整人遊戲	小毛驢編著	150元
⑲有趣的超常識	柯素娥編譯	130元
⑳哦！原來如此	林慶旺編譯	130元
㉑趣味競賽100種	劉名揚編譯	120元
㉒數學謎題入門	宋釗宜編譯	150元
㉓數學謎題解析	宋釗宜編譯	150元
㉔透視男女心理	林慶旺編譯	120元
㉕少女情懷的自白	李桂蘭編譯	120元
㉖由兄弟姊妹看命運	李玉瓊編譯	130元
㉗趣味的科學魔術	林慶旺編譯	150元
㉘趣味的心理實驗室	李燕玲編譯	150元
㉙愛與性心理測驗	小毛驢編譯	130元
㉚刑案推理解謎	小毛驢編譯	130元
㉛偵探常識推理	小毛驢編譯	130元
㉜偵探常識解謎	小毛驢編譯	130元
㉝偵探推理遊戲	小毛驢編譯	130元
㉞趣味的超魔術	廖玉山編著	150元
㉟趣味的珍奇發明	柯素娥編著	150元
㊱登山用具與技巧	陳瑞菊編著	150元

・健 康 天 地・電腦編號 18

①壓力的預防與治療	柯素娥編譯	130元
②超科學氣的魔力	柯素娥編譯	130元
③尿療法治病的神奇	中尾良一著	130元
④鐵證如山的尿療法奇蹟	廖玉山譯	120元
⑤一日斷食健康法	葉慈容編譯	120元
⑥胃部強健法	陳炳崑譯	120元
⑦癌症早期檢查法	廖松濤譯	160元
⑧老人痴呆症防止法	柯素娥編譯	130元
⑨松葉汁健康飲料	陳麗芬編譯	130元
⑩揉肚臍健康法	永井秋夫著	150元
⑪過勞死、猝死的預防	卓秀貞編譯	130元
⑫高血壓治療與飲食	藤山順豐著	150元
⑬老人看護指南	柯素娥編譯	150元
⑭美容外科淺談	楊啟宏著	150元
⑮美容外科新境界	楊啟宏著	150元
⑯鹽是天然的醫生	西英司郎著	140元
⑰年輕十歲不是夢	梁瑞麟譯	200元
⑱茶料理治百病	桑野和民著	180元
⑲綠茶治病寶典	桑野和民著	150元
⑳杜仲茶養顏減肥法	西田博著	150元
㉑蜂膠驚人療效	瀨長良三郎著	150元
㉒蜂膠治百病	瀨長良三郎著	180元
㉓醫藥與生活	鄭炳全著	180元
㉔鈣長生寶典	落合敏著	180元
㉕大蒜長生寶典	木下繁太郎著	160元
㉖居家自我健康檢查	石川恭三著	160元
㉗永恒的健康人生	李秀鈴譯	200元
㉘大豆卵磷脂長生寶典	劉雪卿譯	150元
㉙芳香療法	梁艾琳譯	160元
㉚醋長生寶典	柯素娥譯	180元
㉛從星座透視健康	席拉・吉蒂斯著	180元
㉜愉悅自在保健學	野本二士夫著	160元
㉝裸睡健康法	丸山淳士等著	160元
㉞糖尿病預防與治療	藤田順豐著	180元
㉟維他命長生寶典	菅原明子著	180元
㊱維他命C新效果	鐘文訓編	150元
㊲手、腳病理按摩	堤芳郎著	160元
㊳AIDS瞭解與預防	彼得塔歇爾著	180元
㊴甲殼質殼聚糖健康法	沈永嘉譯	160元
㊵神經痛預防與治療	木下眞男著	160元
㊶室內身體鍛鍊法	陳炳崑編著	160元

㊷吃出健康藥膳	劉大器編著	180元
㊸自我指壓術	蘇燕謀編著	160元
㊹紅蘿蔔汁斷食療法	李玉瓊編著	150元
㊺洗心術健康秘法	竺翠萍編譯	170元
㊻枇杷葉健康療法	柯素娥編譯	180元
㊼抗衰血癒	楊啟宏著	180元

・實用女性學講座・電腦編號 19

①解讀女性內心世界	島田一男著	150元
②塑造成熟的女性	島田一男著	150元
③女性整體裝扮學	黃靜香編著	180元
④女性應對禮儀	黃靜香編著	180元

・校 園 系 列・電腦編號 20

①讀書集中術	多湖輝著	150元
②應考的訣竅	多湖輝著	150元
③輕鬆讀書贏得聯考	多湖輝著	150元
④讀書記憶秘訣	多湖輝著	150元
⑤視力恢復！超速讀術	江錦雲譯	180元

・實用心理學講座・電腦編號 21

①拆穿欺騙伎倆	多湖輝著	140元
②創造好構想	多湖輝著	140元
③面對面心理術	多湖輝著	160元
④偽裝心理術	多湖輝著	140元
⑤透視人性弱點	多湖輝著	140元
⑥自我表現術	多湖輝著	150元
⑦不可思議的人性心理	多湖輝著	150元
⑧催眠術入門	多湖輝著	150元
⑨責罵部屬的藝術	多湖輝著	150元
⑩精神力	多湖輝著	150元
⑪厚黑說服術	多湖輝著	150元
⑫集中力	多湖輝著	150元
⑬構想力	多湖輝著	150元
⑭深層心理術	多湖輝著	160元
⑮深層語言術	多湖輝著	160元
⑯深層說服術	多湖輝著	180元
⑰掌握潛在心理	多湖輝著	160元

⑱洞悉心理陷阱	多湖輝著	180元

•超現實心理講座•電腦編號22

①超意識覺醒法	詹蔚芬編譯	130元
②護摩秘法與人生	劉名揚編譯	130元
③秘法！超級仙術入門	陸　明譯	150元
④給地球人的訊息	柯素娥編著	150元
⑤密教的神通力	劉名揚編著	130元
⑥神秘奇妙的世界	平川陽一著	180元
⑦地球文明的超革命	吳秋嬌譯	200元
⑧力量石的秘密	吳秋嬌譯	180元
⑨超能力的靈異世界	馬小莉譯	200元

•養生保健•電腦編號23

①醫療養生氣功	黃孝寬著	250元
②中國氣功圖譜	余功保著	230元
③少林醫療氣功精粹	井玉蘭著	250元
④龍形實用氣功	吳大才等著	220元
⑤魚戲增視強身氣功	宮　嬰著	220元
⑥嚴新氣功	前新培金著	250元
⑦道家玄牝氣功	張　章著	200元
⑧仙家秘傳袪病功	李遠國著	160元
⑨少林十大健身功	秦慶豐著	180元
⑩中國自控氣功	張明武著	250元
⑪醫療防癌氣功	黃孝寬著	250元
⑫醫療強身氣功	黃孝寬著	250元
⑬醫療點穴氣功	黃孝寬著	220元
⑭中國八卦如意功	趙維漢著	180元
⑮正宗馬禮堂養氣功	馬禮堂著	420元

•社會人智囊•電腦編號24

①糾紛談判術	清水增三著	160元
②創造關鍵術	淺野八郎著	150元
③觀人術	淺野八郎著	180元
④應急詭辯術	廖英迪編著	160元
⑤天才家學習術	木原武一著	160元
⑥猫型狗式鑑人術	淺野八郎著	180元
⑦逆轉運掌握術	淺野八郎著	180元

⑧人際圓融術	澀谷昌三著	160元
⑨解讀人心術	淺野八郎著	180元
⑩與上司水乳交融術	秋元隆司著	180元

•精 選 系 列• 電腦編號25

①毛澤東與鄧小平	渡邊利夫等著	280元
②中國大崩裂	江戶介雄著	180元
③台灣・亞洲奇蹟	上村幸治著	220元
④7-ELEVEN高盈收策略	國友隆一著	180元
⑤台灣獨立	森　詠著	200元
⑥迷失中國的末路	江戶雄介著	220元
⑦2000年5月全世界毀滅	紫藤甲子男著	180元

•運 動 遊 戲• 電腦編號26

①雙人運動	李玉瓊譯	160元
②愉快的跳繩運動	廖玉山譯	180元
③運動會項目精選	王佑京譯	150元
④肋木運動	廖玉山譯	150元
⑤測力運動	王佑宗譯	150元

•銀髮族智慧學• 電腦編號28

①銀髮六十樂逍遙	多湖輝著	170元
②人生六十反年輕	多湖輝著	170元

•心 靈 雅 集• 電腦編號00

①禪言佛語看人生	松濤弘道著	180元
②禪密教的奧秘	葉逯謙譯	120元
③觀音大法力	田口日勝著	120元
④觀音法力的大功德	田口日勝著	120元
⑤達摩禪106智慧	劉華亭編譯	150元
⑥有趣的佛教研究	葉逯謙編譯	120元
⑦夢的開運法	蕭京凌譯	130元
⑧禪學智慧	柯素娥編譯	130元
⑨女性佛教入門	許俐萍譯	110元
⑩佛像小百科	心靈雅集編譯組	130元
⑪佛教小百科趣談	心靈雅集編譯組	120元
⑫佛教小百科漫談	心靈雅集編譯組	150元

⑬佛教知識小百科	心靈雅集編譯組	150元
⑭佛學名言智慧	松濤弘道著	220元
⑮釋迦名言智慧	松濤弘道著	220元
⑯活人禪	平田精耕著	120元
⑰坐禪入門	柯素娥編譯	120元
⑱現代禪悟	柯素娥編譯	130元
⑲道元禪師語錄	心靈雅集編譯組	130元
⑳佛學經典指南	心靈雅集編譯組	130元
㉑何謂「生」 阿含經	心靈雅集編譯組	150元
㉒一切皆空 般若心經	心靈雅集編譯組	150元
㉓超越迷惘 法句經	心靈雅集編譯組	130元
㉔開拓宇宙觀 華嚴經	心靈雅集編譯組	130元
㉕真實之道 法華經	心靈雅集編譯組	130元
㉖自由自在 涅槃經	心靈雅集編譯組	130元
㉗沈默的教示 維摩經	心靈雅集編譯組	150元
㉘開通心眼 佛語佛戒	心靈雅集編譯組	130元
㉙揭秘寶庫 密教經典	心靈雅集編譯組	130元
㉚坐禪與養生	廖松濤譯	110元
㉛釋尊十戒	柯素娥編譯	120元
㉜佛法與神通	劉欣如編著	120元
㉝悟（正法眼藏的世界）	柯素娥編譯	120元
㉞只管打坐	劉欣如編著	120元
㉟喬答摩・佛陀傳	劉欣如編著	120元
㊱唐玄奘留學記	劉欣如編著	120元
㊲佛教的人生觀	劉欣如編譯	110元
㊳無門關（上卷）	心靈雅集編譯組	150元
㊴無門關（下卷）	心靈雅集編譯組	150元
㊵業的思想	劉欣如編著	130元
㊶佛法難學嗎	劉欣如著	140元
㊷佛法實用嗎	劉欣如著	140元
㊸佛法殊勝嗎	劉欣如著	140元
㊹因果報應法則	李常傳編	140元
㊺佛教醫學的奧秘	劉欣如編著	150元
㊻紅塵絕唱	海 若著	130元
㊼佛教生活風情	洪丕謨、姜玉珍著	220元
㊽行住坐臥有佛法	劉欣如著	160元
㊾起心動念是佛法	劉欣如著	160元
㊿四字禪語	曹洞宗青年會	200元
51妙法蓮華經	劉欣如編著	160元

㊾根本佛教與大乘佛教	葉作森編	元

•經 營 管 理•電腦編號01

◎創新經營管理六十六大計(精)	蔡弘文編	780元
①如何獲取生意情報	蘇燕謀譯	110元
②經濟常識問答	蘇燕謀譯	130元
③股票致富68秘訣	簡文祥譯	200元
④台灣商戰風雲錄	陳中雄著	120元
⑤推銷大王秘錄	原一平著	180元
⑥新創意・賺大錢	王家成譯	90元
⑦工廠管理新手法	琪　輝著	120元
⑧奇蹟推銷術	蘇燕謀譯	100元
⑨經營參謀	柯順隆譯	120元
⑩美國實業24小時	柯順隆譯	80元
⑪撼動人心的推銷法	原一平著	150元
⑫高竿經營法	蔡弘文編	120元
⑬如何掌握顧客	柯順隆譯	150元
⑭一等一賺錢策略	蔡弘文編	120元
⑯成功經營妙方	鐘文訓著	120元
⑰一流的管理	蔡弘文編	150元
⑱外國人看中韓經濟	劉華亭譯	150元
⑲企業不良幹部群相	琪輝編著	120元
⑳突破商場人際學	林振輝編著	90元
㉑無中生有術	琪輝編著	140元
㉒如何使女人打開錢包	林振輝編著	100元
㉓操縱上司術	邑井操著	90元
㉔小公司經營策略	王嘉誠著	160元
㉕成功的會議技巧	鐘文訓編譯	100元
㉖新時代老闆學	黃柏松編著	100元
㉗如何創造商場智囊團	林振輝編譯	150元
㉘十分鐘推銷術	林振輝編譯	180元
㉙五分鐘育才	黃柏松編譯	100元
㉚成功商場戰術	陸明編譯	100元
㉛商場談話技巧	劉華亭編譯	120元
㉜企業帝王學	鐘文訓譯	90元
㉝自我經濟學	廖松濤編譯	100元
㉞一流的經營	陶田生編著	120元
㉟女性職員管理術	王昭國編譯	120元
㊱ＩＢＭ的人事管理	鐘文訓編譯	150元
㊲現代電腦常識	王昭國編譯	150元

㊳電腦管理的危機	鐘文訓編譯	120元
㊴如何發揮廣告效果	王昭國編譯	150元
㊵最新管理技巧	王昭國編譯	150元
㊶一流推銷術	廖松濤編譯	150元
㊷包裝與促銷技巧	王昭國編譯	130元
㊸企業王國指揮塔	松下幸之助著	120元
㊹企業精銳兵團	松下幸之助著	120元
㊺企業人事管理	松下幸之助著	100元
㊻華僑經商致富術	廖松濤編譯	130元
㊼豐田式銷售技巧	廖松濤編譯	180元
㊽如何掌握銷售技巧	王昭國編著	130元
㊿洞燭機先的經營	鐘文訓編譯	150元
52新世紀的服務業	鐘文訓編譯	100元
53成功的領導者	廖松濤編譯	120元
54女推銷員成功術	李玉瓊編譯	130元
55ＩＢＭ人才培育術	鐘文訓編譯	100元
56企業人自我突破法	黃琪輝編著	150元
58財富開發術	蔡弘文編著	130元
59成功的店舖設計	鐘文訓編著	150元
61企管回春法	蔡弘文編著	130元
62小企業經營指南	鐘文訓編譯	100元
63商場致勝名言	鐘文訓編譯	150元
64迎接商業新時代	廖松濤編譯	100元
66新手股票投資入門	何朝乾　編	180元
67上揚股與下跌股	何朝乾編譯	180元
68股票速成學	何朝乾編譯	180元
69理財與股票投資策略	黃俊豪編著	180元
70黃金投資策略	黃俊豪編著	180元
71厚黑管理學	廖松濤編譯	180元
72股市致勝格言	呂梅莎編譯	180元
73透視西武集團	林谷燁編譯	150元
76巡迴行銷術	陳蒼杰譯	150元
77推銷的魔術	王嘉誠譯	120元
7860秒指導部屬	周蓮芬編譯	150元
79精銳女推銷員特訓	李玉瓊編譯	130元
80企劃、提案、報告圖表的技巧	鄭　汶　譯	180元
81海外不動產投資	許達守編譯	150元
82八百件的世界策略	李玉瓊譯	150元
83服務業品質管理	吳宜芬譯	180元
84零庫存銷售	黃東謙編譯	150元
85三分鐘推銷管理	劉名揚編譯	150元

㊑推銷大王奮鬥史	原一平著	150元
㊒豐田汽車的生產管理	林谷燁編譯	150元

•成功寶庫•電腦編號 02

①上班族交際術	江森滋著	100元
②拍馬屁訣竅	廖玉山編譯	110元
④聽話的藝術	歐陽輝編譯	110元
⑨求職轉業成功術	陳　義編著	110元
⑩上班族禮儀	廖玉山編著	120元
⑪接近心理學	李玉瓊編著	100元
⑫創造自信的新人生	廖松濤編著	120元
⑭上班族如何出人頭地	廖松濤編著	100元
⑮神奇瞬間瞑想法	廖松濤編譯	100元
⑯人生成功之鑰	楊意苓編著	150元
⑲給企業人的諍言	鐘文訓編著	120元
⑳企業家自律訓練法	陳　義編譯	100元
㉑上班族妖怪學	廖松濤編著	100元
㉒猶太人縱橫世界的奇蹟	孟佑政編著	110元
㉓訪問推銷術	黃靜香編著	130元
㉕你是上班族中強者	嚴思圖編著	100元
㉖向失敗挑戰	黃靜香編著	100元
㉙機智應對術	李玉瓊編著	130元
㉚成功頓悟100則	蕭京凌編譯	130元
㉛掌握好運100則	蕭京凌編譯	110元
㉜知性幽默	李玉瓊編譯	130元
㉝熟記對方絕招	黃靜香編譯	100元
㉞男性成功秘訣	陳蒼杰編譯	130元
㊱業務員成功秘方	李玉瓊編著	120元
㊲察言觀色的技巧	劉華亭編著	130元
㊳一流領導力	施義彥編譯	120元
㊴一流說服力	李玉瓊編著	130元
㊵30秒鐘推銷術	廖松濤編譯	150元
㊶猶太成功商法	周蓮芬編譯	120元
㊷尖端時代行銷策略	陳蒼杰編著	100元
㊸顧客管理學	廖松濤編著	100元
㊹如何使對方說Yes	程　羲編著	150元
㊺如何提高工作效率	劉華亭編著	150元
㊼上班族口才學	楊鴻儒譯	120元
㊽上班族新鮮人須知	程　羲編著	120元
㊾如何左右逢源	程　羲編著	130元

㊿語言的心理戰	多湖輝著	130元
51扣人心弦演說術	劉名揚編著	120元
53如何增進記憶力、集中力	廖松濤譯	130元
55性惡企業管理學	陳蒼杰譯	130元
56自我啟發200招	楊鴻儒編著	150元
57做個傑出女職員	劉名揚編著	130元
58靈活的集團營運術	楊鴻儒編著	120元
60個案研究活用法	楊鴻儒編著	130元
61企業教育訓練遊戲	楊鴻儒編著	120元
62管理者的智慧	程　義編譯	130元
63做個佼佼管理者	馬筱莉編譯	130元
64智慧型說話技巧	沈永嘉編譯	130元
66活用佛學於經營	松濤弘道著	150元
67活用禪學於企業	柯素娥編譯	130元
68詭辯的智慧	沈永嘉編譯	150元
69幽默詭辯術	廖玉山編譯	150元
70拿破崙智慧箴言	柯素娥編譯	130元
71自我培育・超越	蕭京凌編譯	150元
74時間即一切	沈永嘉編譯	130元
75自我脫胎換骨	柯素娥譯	150元
76贏在起跑點—人才培育鐵則	楊鴻儒編譯	150元
77做一枚活棋	李玉瓊編譯	130元
78面試成功戰略	柯素娥編譯	130元
79自我介紹與社交禮儀	柯素娥編譯	150元
80說NO的技巧	廖玉山編譯	130元
81瞬間攻破心防法	廖玉山編譯	120元
82改變一生的名言	李玉瓊編譯	130元
83性格性向創前程	楊鴻儒編譯	130元
84訪問行銷新竅門	廖玉山編譯	150元
85無所不達的推銷話術	李玉瓊編譯	150元

・處 世 智 慧・電腦編號 03

①如何改變你自己	陸明編譯	120元
④幽默說話術	林振輝編譯	120元
⑤讀書36計	黃柏松編譯	120元
⑥靈感成功術	譚繼山編譯	80元
⑧扭轉一生的五分鐘	黃柏松編譯	100元
⑨知人、知面、知其心	林振輝譯	110元
⑩現代人的詭計	林振輝譯	100元
⑫如何利用你的時間	蘇遠謀譯	80元

⑬口才必勝術	黃柏松編譯	120元
⑭女性的智慧	譚繼山編譯	90元
⑮如何突破孤獨	張文志編譯	80元
⑯人生的體驗	陸明編譯	80元
⑰微笑社交術	張芳明譯	90元
⑱幽默吹牛術	金子登著	90元
⑲攻心說服術	多湖輝著	100元
⑳當機立斷	陸明編譯	70元
㉑勝利者的戰略	宋恩臨編譯	80元
㉒如何交朋友	安紀芳編著	70元
㉓鬥智奇謀（諸葛孔明兵法）	陳炳崑著	70元
㉔慧心良言	亦　奇著	80元
㉕名家慧語	蔡逸鴻主編	90元
㉗稱霸者啟示金言	黃柏松編譯	90元
㉘如何發揮你的潛能	陸明編譯	90元
㉙女人身態語言學	李常傳譯	130元
㉚摸透女人心	張文志譯	90元
㉛現代戀愛秘訣	王家成譯	70元
㉜給女人的悄悄話	妮倩編譯	90元
㉞如何開拓快樂人生	陸明編譯	90元
㉟驚人時間活用法	鐘文訓譯	80元
㊱成功的捷徑	鐘文訓譯	70元
㊲幽默逗笑術	林振輝著	120元
㊳活用血型讀書法	陳炳崑譯	80元
㊴心　燈	葉于模著	100元
㊵當心受騙	林顯茂譯	90元
㊶心・體・命運	蘇燕謀譯	70元
㊷如何使頭腦更敏銳	陸明編譯	70元
㊸宮本武藏五輪書金言錄	宮本武藏著	100元
㊺勇者的智慧	黃柏松編譯	80元
㊼成熟的愛	林振輝譯	120元
㊽現代女性駕馭術	蔡德華著	90元
㊾禁忌遊戲	酒井潔著	90元
㊾摸透男人心	劉華亭編譯	80元
㊾如何達成願望	謝世輝著	90元
㊾創造奇蹟的「想念法」	謝世輝著	90元
㊾創造成功奇蹟	謝世輝著	90元
㊾男女幽默趣典	劉華亭譯	90元
㊾幻想與成功	廖松濤譯	80元
㊾反派角色的啟示	廖松濤編譯	70元
㊾現代女性須知	劉華亭編著	75元

⑥①機智說話術	劉華亭編譯	100元
⑥②如何突破內向	姜倩怡編譯	110元
⑥④讀心術入門	王家成編譯	100元
⑥⑤如何解除內心壓力	林美羽編著	110元
⑥⑥取信於人的技巧	多湖輝著	110元
⑥⑦如何培養堅強的自我	林美羽編著	90元
⑥⑧自我能力的開拓	卓一凡編著	110元
⑦⑩縱橫交涉術	嚴思圖編著	90元
⑦①如何培養妳的魅力	劉文珊編著	90元
⑦②魅力的力量	姜倩怡編著	90元
⑦③金錢心理學	多湖輝著	100元
⑦④語言的圈套	多湖輝著	110元
⑦⑤個性膽怯者的成功術	廖松濤編譯	100元
⑦⑥人性的光輝	文可式編著	90元
⑦⑧驚人的速讀術	鐘文訓編譯	90元
⑦⑨培養靈敏頭腦秘訣	廖玉山編著	90元
⑧⑩夜晚心理術	鄭秀美編譯	80元
⑧①如何做個成熟的女性	李玉瓊編著	80元
⑧②現代女性成功術	劉文珊編著	90元
⑧③成功說話技巧	梁惠珠編譯	100元
⑧④人生的真諦	鐘文訓編譯	100元
⑧⑤妳是人見人愛的女孩	廖松濤編著	120元
⑧⑦指尖・頭腦體操	蕭京凌編譯	90元
⑧⑧電話應對禮儀	蕭京凌編著	120元
⑧⑨自我表現的威力	廖松濤編譯	100元
⑨⑩名人名語啟示錄	喬家楓編著	100元
⑨①男與女的哲思	程鐘梅編譯	110元
⑨②靈思慧語	牧　風著	110元
⑨③心靈夜語	牧　風著	100元
⑨④激盪腦力訓練	廖松濤編譯	100元
⑨⑤三分鐘頭腦活性法	廖玉山編譯	110元
⑨⑥星期一的智慧	廖玉山編譯	100元
⑨⑦溝通說服術	賴文琇編譯	100元
⑨⑧超速讀超記憶法	廖松濤編譯	140元

・健康與美容・電腦編號 04

①B型肝炎預防與治療	曾慧琪譯	130元
③媚酒傳（中國王朝秘酒）	陸明主編	120元
④藥酒與健康果菜汁	成玉主編	150元
⑤中國回春健康術	蔡一藩著	100元

⑥奇蹟的斷食療法	蘇燕謀譯	110元
⑧健美食物法	陳炳崑譯	120元
⑨驚異的漢方療法	唐龍編著	90元
⑩不老強精食	唐龍編著	100元
⑪經脈美容法	月乃桂子著	90元
⑫五分鐘跳繩健身法	蘇明達譯	100元
⑬睡眠健康法	王家成譯	80元
⑭你就是名醫	張芳明譯	90元
⑮如何保護你的眼睛	蘇燕謀譯	70元
⑲釋迦長壽健康法	譚繼山譯	90元
⑳腳部按摩健康法	譚繼山譯	120元
㉑自律健康法	蘇明達譯	90元
㉓身心保健座右銘	張仁福著	160元
㉔腦中風家庭看護與運動治療	林振輝譯	100元
㉕秘傳醫學人相術	成玉主編	120元
㉖導引術入門⑴治療慢性病	成玉主編	110元
㉗導引術入門⑵健康・美容	成玉主編	110元
㉘導引術入門⑶身心健康法	成玉主編	110元
㉙妙用靈藥・蘆薈	李常傳譯	150元
㉚萬病回春百科	吳通華著	150元
㉛初次懷孕的10個月	成玉編譯	130元
㉜中國秘傳氣功治百病	陳炳崑編譯	130元
㉞仙人成仙術	陸明編譯	100元
㉟仙人長生不老學	陸明編譯	100元
㊱釋迦秘傳米粒刺激法	鐘文訓譯	120元
㊲痔・治療與預防	陸明編譯	130元
㊳自我防身絕技	陳炳崑編譯	120元
㊴運動不足時疲勞消除法	廖松濤譯	110元
㊵三溫暖健康法	鐘文訓編譯	90元
㊸維他命與健康	鐘文訓譯	150元
㊺森林浴—綠的健康法	劉華亭編譯	80元
㊼導引術入門⑷酒浴健康法	成玉主編	90元
㊽導引術入門⑸不老回春法	成玉主編	90元
㊾山白竹（劍竹）健康法	鐘文訓譯	90元
㊿解救你的心臟	鐘文訓編譯	100元
51牙齒保健法	廖玉山譯	90元
52超人氣功法	陸明編譯	110元
53超能力秘密開發法	廖松濤譯	80元
54借力的奇蹟⑴	力拔山著	100元
55借力的奇蹟⑵	力拔山著	100元
56五分鐘小睡健康法	呂添發撰	120元

㊼禿髮、白髮預防與治療	陳炳崑撰	120元
㊾艾草健康法	張汝明編譯	90元
㊿一分鐘健康診斷	蕭京凌編譯	90元
61念術入門	黃静香編譯	90元
62念術健康法	黃静香編譯	90元
63健身回春法	梁惠珠編譯	100元
64姿勢養生法	黃秀娟編譯	90元
65仙人瞑想法	鐘文訓譯	120元
66人蔘的神效	林慶旺譯	100元
67奇穴治百病	吳通華著	120元
68中國傳統健康法	靳海東著	100元
69下半身減肥法	納他夏・史達賓著	110元
70使妳的肌膚更亮麗	楊　皓編譯	100元
71酵素健康法	楊　皓編譯	120元
73腰痛預防與治療	五味雅吉著	100元
74如何預防心臟病・腦中風	譚定長等著	100元
75少女的生理秘密	蕭京凌譯	120元
76頭部按摩與針灸	楊鴻儒譯	100元
77雙極療術入門	林聖道著	100元
78氣功自療法	梁景蓮著	120元
79大蒜健康法	李玉瓊編譯	100元
81健胸美容秘訣	黃靜香譯	120元
82鍺奇蹟療效	林宏儒譯	120元
83三分鐘健身運動	廖玉山譯	120元
84尿療法的奇蹟	廖玉山譯	120元
85神奇的聚積療法	廖玉山譯	120元
86預防運動傷害伸展體操	楊鴻儒編譯	120元
88五日就能改變你	柯素娥譯	110元
89三分鐘氣功健康法	陳美華譯	120元
90痛風劇痛消除法	余昇凌譯	120元
91道家氣功術	早島正雄著	130元
92氣功減肥術	早島正雄著	120元
93超能力氣功法	柯素娥譯	130元
94氣的瞑想法	早島正雄著	120元

・家庭／生活・電腦編號05

①單身女郎生活經驗談	廖玉山編著	100元
②血型・人際關係	黃静編著	120元
③血型・妻子	黃静編著	110元
④血型・丈夫	廖玉山編譯	130元

⑤血型・升學考試	沈永嘉編譯	120元
⑥血型・臉型・愛情	鐘文訓編譯	120元
⑦現代社交須知	廖松濤編譯	100元
⑧簡易家庭按摩	鐘文訓編譯	150元
⑨圖解家庭看護	廖玉山編譯	120元
⑩生男育女隨心所欲	岡正基編著	160元
⑪家庭急救治療法	鐘文訓編著	100元
⑫新孕婦體操	林曉鐘譯	120元
⑬從食物改變個性	廖玉山編譯	100元
⑭藥草的自然療法	東城百合子著	200元
⑮糙米菜食與健康料理	東城百合子著	180元
⑯現代人的婚姻危機	黃　靜編著	90元
⑰親子遊戲　0歲	林慶旺編譯	100元
⑱親子遊戲　1～2歲	林慶旺編譯	110元
⑲親子遊戲　3歲	林慶旺編譯	100元
⑳女性醫學新知	林曉鐘編譯	130元
㉑媽媽與嬰兒	張汝明編譯	180元
㉒生活智慧百科	黃　靜編譯	100元
㉓手相・健康・你	林曉鐘編譯	120元
㉔菜食與健康	張汝明編譯	110元
㉕家庭素食料理	陳東達著	140元
㉖性能力活用秘法	米開・尼里著	150元
㉗兩性之間	林慶旺編譯	120元
㉘性感經穴健康法	蕭京凌編譯	150元
㉙幼兒推拿健康法	蕭京凌編譯	100元
㉚談中國料理	丁秀山編著	100元
㉛舌技入門	增田豐　著	160元
㉜預防癌症的飲食法	黃靜香編譯	150元
㉝性與健康寶典	黃靜香編譯	180元
㉞正確避孕法	蕭京凌編譯	130元
㉟吃的更漂亮美容食譜	楊萬里著	120元
㊱圖解交際舞速成	鐘文訓編譯	150元
㊲觀相導引術	沈永嘉譯	130元
㊳初為人母12個月	陳義譯	130元
㊴圖解麻將入門	顧安行編譯	160元
㊵麻將必勝秘訣	石利夫編譯	160元
㊶女性一生與漢方	蕭京凌編譯	100元
㊷家電的使用與修護	鐘文訓編譯	160元
㊸錯誤的家庭醫療法	鐘文訓編譯	100元
㊹簡易防身術	陳慧珍編譯	130元
㊺茶健康法	鐘文訓編譯	130元

國立中央圖書館出版品預行編目資料

銀髮六十樂逍遙／多湖輝著；陳蒼杰譯
——初版——臺北市；大展，民85
面；　公分——（銀髮族智慧學；1）
譯自：六十歳からの生き方
ISBN 957-557-586-5（平裝）

1.老人　2.人生哲學　3.修身

192.8　　85001855

原 書 名：六十歳からの生き方
原著作者：多湖輝　©Akira Tago 1990
原出版者：株式会社　ごま書房
版權仲介：宏儒企業有限公司

ISBN 957-557-586-5

銀髮六十樂逍遙

原 著 者／多　湖　輝
編 譯 者／陳　蒼　杰
發 行 人／蔡　森　明
出 版 者／大展出版社有限公司
社　　址／台北市北投區（石牌）
致遠一路二段12巷1號
電　　話／(02) 8236031・8236033
傳　　眞／(02) 8272069
郵政劃撥／0166955－1
登 記 證／局版臺業字第2171號

承 印 者／高星企業有限公司
裝　　訂／日新裝訂所
排 版 者／千賓電腦打字有限公司
電　　話／（02）8836052
初　　版／1996年（民85年）4月
定　　價／170元

大展好書 好書大展